GUÍA DE ÁRBOLES DE LA SIERRA DE GUADARRAMA

Coordinadores:
Emilio BLANCO CASTRO
Felipe CASTILLA LATTKE
Juan Antonio DURÁN GÓMEZ

Autores:
Jorge BAONZA DÍAZ
Rubén BERNAL GONZÁLEZ
Emilio BLANCO CASTRO
Felipe CASTILLA LATTKE
Juan Antonio DURÁN GÓMEZ

ediciones

LA LIBRERÍA

BLOQUES EN LOS QUE SE INCLUYEN
LAS ESPECIES DE ESTA GUÍA

LOS CUATRO GRANDES

LOS DOMINANTES PERO SOLO
DE IMPORTANCIA LOCAL

LOS RAROS O MUY RAROS

JUNTO AL AGUA

ARBUSTOS Y ARBOLILLOS

LOS ALÓCTONOS

1ª edición 2015
3ª edicion 2024
© Jorge Baonza Díaz, 2024
© Rubén Bernal González, 2024
© Emilio Blanco Castro, 2024
© Felipe Castilla Lattke, 2024
© Juan Antonio Durán Gómez, 2024

© De esta edición: Ediciones La Librería, 2024
  C/ Mayor, 80
  28013 Madrid
  Telf: 91 541 71 70
  E-mail: info@edicioneslalibreria.es

Cubierta y maquetación: Javier Fernández Lizán

ISBN: 978-84-9873-532-1
Deposito Legal: M-2790-2024

JUSTIFICACIÓN

La presente guía está dirigida al gran público y trata de los árboles que viven en la sierra de Guadarrama, especialmente los árboles nativos y los cultivados desde antaño. Está hecho con cariño por personas que llevamos muchos años interesándonos por estos vegetales apasionantes a los que tanto debemos, y a las que nos ha gustado siempre «patear» el campo y conocer los rincones más alejados. Tratamos de volcar nuestra experiencia personal y de campo de muchos años, intentando aficionaros a los árboles y a lo que representan. Para que sean un aliciente más en vuestros paseos y rutas, y, conociendo su valor, seamos capaces de evitar que se eliminen despreocupadamente árboles autóctonos (propios del lugar donde ha nacido y donde se encuentra, del griego a través del latín *authochthon*: indígena, vernáculo). Lo que tarda dos generaciones en formarse se destruye en breves minutos.

Saber distinguir los árboles es mucho más que saber simples nombres castellanos o latinos, supone saber geografía, ecología, interpretar el medio y el paisaje y saber valorar la naturaleza y su complejidad. Cada árbol conlleva determinadas condiciones del medio, con finos matices, no da igual un abedul blanco que uno péndulo; ni un serbal «normal» (*Sorbus aucuparia*) de un serbal mostajo (*S. aria, S. torminalis, S. latifolia*). El tema puede complicarse con los híbridos, pero esto añade un aliciente a su estudio más especializado.

Os mostramos detalles y datos curiosos, refiriéndonos principalmente a los atributos propios del Guadarrama, unas montañas muy especiales, situadas hacia el centro de esta Península, en el suroccidente de Eurasia, donde muchas especies de árboles encuentran su límite y otras están cerca, con una peculiar posición de «isla» en la Meseta.

Decir árbol no es decir bosque; los bosques no son meras agrupaciones de árboles, son complejas redes de relaciones interespecíficas y con el medio. Algunos árboles dominan determinados bosques, otros son acompañantes y se adhieren al «proyecto común», y así se va construyendo el bosque o el bosquete, dentro del cual se crean unas condiciones independientes a las que hay fuera, se autorregula y se autoamortigua. Éste, el de la dominancia o no, ha sido el criterio utilizado en esta pequeña guía, donde las especies se han ordenado por su capacidad de dominar o no el bosque, criterio que ya por si sólo nos da una idea ecológica de los tipos de bosques del Guadarrama.

A medida que se va conociendo el medio guadarrámico y todos sus valles e interfluvios en detalle, se van descubriendo nuevas poblaciones de especies arbóreas muy raras. Hay muchas especies, gran parte de ellas poco comunes o marginales, ejemplares y poblaciones que deberían estar bien vigilados y protegidos, así como asegurada su regeneración. Descubrir nuevas localidades no significa que haya que despreocuparse, sino todo lo contrario. Unos pocos cientos o incluso miles de árboles, no es nada, es una situación límite a la hora de considerar su escasez o rareza.

El ser humano tiene mucho que ver en todo esto, como todos sabéis, la historia de los bosques y de los árboles es nuestra historia. Servían para calentarnos, alimentarnos, vestirnos, alimentar nuestro ganado y muchas más cosas. Ellos han formado los suelos sobre los que hoy cultivamos y sustentan los pastos. La vida tradicional utilizaba al árbol para sus intereses mediante las podas y las talas, éstas muy sabias para el manejo cultural del árbol; creando lo que llamamos *agrosistemas forestales*, perfectamente engarzados en la naturaleza y siempre acompañados de pequeños reservorios de bosque original, para leña, caza, etc. Un paisaje en mosaico armónico, que también caracterizó la sierra de Guadarrama, del que poco queda, como las características dehesas de fresno y roble o encina, árboles trasmochos de ambas faldas de las vertientes serranas. Un paisaje único a preservar para las generaciones futuras.

Nos gustan todas las plantas, no despreciamos ninguna, tan valioso puede ser un bosque como una formación de pastizal natural, un árbol como un *yerbajo*, pero para empezar a interesarse por las plantas y la botánica conviene iniciarse con los árboles, cuya presencia en un lugar determinado aporta una información asociada muy valiosa que hay que saber descifrar.

En este caso les ha tocado a los árboles. Que os sirva...

Los autores

Agradecimientos:
   Eduardo Casanova,
   Francisco Felipe Martínez,
   Jaime Gila,
   Teo Martín,
   Salvador Mesa y
   Enrique del Pozo.

SOMERA DESCRIPCIÓN FÍSICA DE LA SIERRA DE GUADARRAMA

Guadarrama viene del árabe *Uad-ar-rámel*, que significa «río del arenal», en referencia al río Guadarrama, aunque el nombre original puede provenir de los romanos, *Aquae dirrama*, divisoria de aguas.

Se localiza casi en el centro de la Península Ibérica, ligeramente al norte, a caballo entre las comunidades autónomas de Madrid al sur, y de Castilla y León al norte (provincias de Segovia y Ávila). Forma parte de la Cordillera Carpetovetónica o Sistema Central, que separa las submesetas sur y norte de la Península Ibérica, siendo Guadarrama la segunda sierra más alta (Peñalara, 2428 m), a corta distancia de la sierra de Gredos (Almanzor, 2592 m). Tomando los límites más aceptados actualmente, mide unos 80 km de longitud por 20 de anchura, entre el puerto de Somosierra al noreste, y el pico de La Almenara al suroeste. Los límites hacia las mesetas por las rampas son más difusos; por el norte, vendrían marcados por localidades como Santo Tomé del Puerto, Torrecaballeros, La Granja de San Ildefonso, Revenga y El Espinar, y por el sur por Navas del Rey, Navalagamella, Valdemorillo, Torrelodones, Colmenar Viejo y El Molar.

El cordal principal de la Sierra va desde el puerto de Somosierra al pico Abantos. Varias sierras secundarias se descuelgan del ramal principal: La Atalaya, La Mujer Muerta, Quintanar, Malagón, Risco Alto o Cerro de la Cabeza, y Las Machotas.

La segunda alineación en importancia es la Cuerda Larga, que va del puerto de Navacerrada al de la Morcuera y contiene la segunda cima más alta (Cabeza de Hierro Mayor, 2383 m). Entre sus ramificaciones están las siguientes sierras: Maliciosa y sus derivaciones (cuerdas de las Buitreras y los Almorchones, sierras de Las Cabrillas y de Peña Pintada, y de los Porrones), del Francés, La Pedriza, la Morcuera y sus ramales (Altos del Hontanar, El Espartal, Cerro del Águila, Cuerda de la Vaqueriza), cuerda de las Cabezas o sierra de Canencia, macizo del Pendón y sierra de la Cabrera.

Más alejados quedan los montes isla o pre-sierra de Guadarrama, destacando estas sierras: Cerro de San Pedro, del Hoyo de Manzanares, Cabeza Mediana, Ojos Albos y la Almenara.

La red hidrográfica guadarrámica principal se divide en dos cuencas al norte y sur de la Sierra; al norte la del Duero (Duratón, Cega, Eresma, Pirón, Voltoya, etc.), y al sur la del Tajo (Gaznata, Cofio, Perales, Guadarrama, Aulencia, Manzanares, Samburiel, Guadalix, Lozoya, Madarquillos, etc.). Hay numerosos embalses, así como charcas y lagunas, destacando las lagunas de alta montaña de Peñalara y Nevero.

La Sierra está formada sobre todo por materiales silíceos (granitos, gneis, esquistos), existiendo también algunos afloramientos calizos y marmóreos. Entre los atractivos geomorfológicos serranos destacan los macizos graníticos (La Pedriza, La Cabrera), y los circos glaciares de zonas cacuminales.

El clima de la sierra de Guadarrama es el típico de montaña mediterránea, muy continental y con una sequía estival prolongada de unos tres meses. Las precipitaciones se incrementan con la altitud; entre los 800 y 1400 m son del orden de 600-800 mm anuales, aumentando a 1000-1400 mm entre los 1400 y 2000 m. Por encima de los 2000 m superan los 1500 mm anuales, produciéndose nevadas irregulares por lo general entre noviembre y mayo. Las temperaturas pueden ser inferiores a -15º C en invierno en las zonas más altas, con fuertes heladas, mientras que las temperaturas estivales son relativamente suaves, no superando los 30º en las zonas medias-altas y algo más en la zona de rampa.

CATENA DE VEGETACIÓN POTENCIAL DE LA SIERRA DE GUADARRAMA

En las montañas, el descenso de la temperatura con la altitud y el frecuente incremento de las precipitaciones provocan cambios en la vegetación, que permiten definir «pisos de vegetación». Por otra parte, los diferentes tipos de bosques y comunidades (asociaciones), reciben una denominación científica según la escuela fitosociológica sigmatista, que alude a la especie dominante y a una especie característica, lo que permite diferenciar diversas asociaciones dentro de una clase general; por ejemplo varios tipos de encinares. La presente catena está desarrollada a partir de trabajos de Rivas-Martínez (1982, & al. 1999, 2011), Cantó & Rivas Martínez (2023), y datos propios.

PISO BASAL, DEL ENCINAR
(MESOMEDITERRÁNEO-SUPRAMEDITERRÁNEO INFERIOR; <800-±1200 M):

- **Encinar silicícola sobre arenas arcósicas.** *Junipero lagunae-Quercetum rotundifoliae.* Con *Retama sphaerocarpa* y generalmente sin *Juniperus oxycedrus.* Al pie de la rampa (1).
- **Encinar/enebral silicícola sobre sustratos duros, termófilo.** Ídem. Con *Pistacia terebinthus* (2).
- **Encinar/enebral silicícola sobre sustratos duros,** típico. Ídem (3).
- **Alcornocal sobre arenas arcósicas.** Sin asociación propia. En ámbito de encinar. Al pie de la rampa (5).
- **Alcornocal sobre sustratos duros.** Sin asociación propia. En ámbito de encinar (6).
- **Fresneda edafohigrófila mesomediterránea.** *Ranunculo ficariae-Fraxinetum angustifoliae* (7).
- **Aliseda edafohigrófila.** *Galio broteriani-Alnetum glutinosae* (8).
- **Sauceda salvifolia edafohigrófila.** *Salicetum lambertiano-salviifoliae* (9).
- **Encinar basófilo mesomediterráneo.** *Asparago acutifolii-Quercetum rotundifoliae* (10).
- **Quejigar basófilo, faciación supramediterránea.** *Cephalanthero rubrae-Quercetum faginae* (11).
- **Encinar basófilo supramediterráneo.** *Junipero thuriferae-Quercetum rotundifoliae* (12).

- **Sabinar albar calcícola.** *Juniperetum hemisphaerico-thuriferae* (13).
- **Sabinar albar silicícola.** Ídem. Con *Juniperus oxycedrus* (14).
- **Quejigar silicícola subhúmedo.** Sin asociación propia. En ámbito de encinar y rebollar (16).

PISO MEDIO, DEL ROBLEDAL DE REBOLLO Y EL PINAR DE MEDIA MONTAÑA (SUPRAMEDITERRÁNEO; ±1200-±1750 M):

- **Encinar silicícola, faciación orófila supramediterránea superior.** *Junipero lagunae-Quercetum rotundifoliae.* Con *Cytisus oromediterraneus* (4).
- **Robledal de rebollo (rebollar, melojar) silicícola subhúmedo.** *Luzulo forsteri-Quercetum pyrenaicae* Con *Adenocarpus hispanicus* (15).
- **Robledal de rebollo (rebollar, melojar) silicícola subhúmedo-humedo ombrófilo.** *Avenello ibericae-Quercetum pyrenaicae* (17).
- **Fresneda edafohigrófila supramediterránea.** *Querco pyrenaicae-Fraxino angustifoliae* S. (18).
- **Sauceda atrocinerea edafohigrófila.** *Rubo lainzii-Salicetum atrocinereae.* Con *Salix salviifolia* y *S. fragilis* (19).
- **Pinar silicícola de pino negral o resinero.** Sin asociación propia. En ámbito de encinar y rebollar (20).
- **Pinar de pino pudio o laricio.** Sin asociación propia. Supramediterráneo y oromediterráneo; a menudo mixto con pino albar y/o negral. En ámbito de rebollar y pinar albar (21).
- **Pinar albar silicícola supramediterráneo.** *Pteridio aquilini-Pinetum ibericae* (22).
- **Robledal albar silicícola.** *Galio odorati-Quercetum petraeae* (24).
- **Abedular temporihigrófilo silicícola.** *Melico uniflorae-Betuletum celtibericae.* Facies de *Betula pubescens/celtiberica* y de *B. pendula* subsp. *fontqueri* (25).

PISO DEL PINAR DE ALTA MONTAÑA
(OROMEDITERRÁNEO INFERIOR; ±1750 M-±2100 M):

- **Pinar albar silicícola oromediterráneo.** *Avenello ibericae-Pinetum ibericae* (23).

PISO DE LOS MATORRALES SUPRAFORESTALES
(OROMEDITERRÁNEO SUPERIOR; ±1900-±2250 M)
Y DE LOS PASTIZALES Y MATORRALES DE CUMBRE
(CRIOROMEDITERRÁNEO; ±2250-2430 M):

- **Enebral rastrero silicícola.** *Avenello ibericae-Juniperetum nanae* (26).
- **Pastizal psicroxerófilo silicícola de *Festuca indigesta* subsp. *iberica*.** *Hieracio myriadeni-Festucetum ibericae*. En mosaico con vegetación rupícola, pastizal de tipo cervunal y enebral rastrero (27).

Aparte están los pastizales y matorrales que sirven de **etapas de sustitución** del bosque, así como la **vegetación azonal,** fundamentalmente herbácea, *rupícola* (roquedos, pedreras), *higrófila* (lagunas, charcas, cursos de agua, manantiales), *turfófila* (tollas, turberas), *nitrófila* (megafórbica, de orla forestal, ruderal). Presentan numerosas variaciones en función de los pisos y condiciones ecológicas.

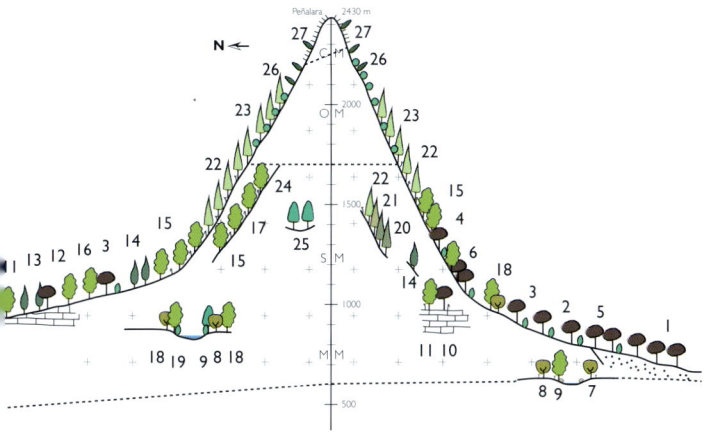

CATENA DE VEGETACIÓN POTENCIAL DE LA SIERRA DE GUADARRAMA

LOS NOMBRES VERDADEROS DE LOS ÁRBOLES EN LA SIERRA

Los nombres locales o vernáculos de los árboles son muy importantes y hemos de esforzarnos en su recopilación para *que no se pierdan*. Se han recabado los nombres escuchados a nuestros mayores de la Sierra en diferentes entrevistas a lo largo de años. Muchas de estas personas están ya desaparecidas. Es una primera aproximación que ha de perfeccionarse. Sólo pretendemos dar pistas y reivindicar aquí la defensa de los nombres vernáculos de las especies de flora y fauna silvestres de un territorio determinado. La toponimia también es útil para rescatar nombres casi desaparecidos. Un solo nombre puede ser aplicado a varias especies; esto no es un error, es la evolución natural del lenguaje (véase el caso de *escuernacabras*, un comodín de varios arbustos semejantes). Algunas especies tienen riqueza de nombres y otras no. Los nombres pueden variar de un pueblo al de al lado. Al recoger un nombre a pie de campo hay que registrar al menos la localidad y la persona, su edad y la fecha. Las variantes de pronunciación también son válidas en este caso. Os invitamos a continuar tal labor.

Especie	Nombres generales	Nombres guadarrámicos locales	Págs.
Acer campestre	Arce menor		104, 125
Acer platanoides	Arce real		104, 125

ESPECIE	NOMBRES GENERALES	NOMBRES GUADARRÁMICOS LOCALES	PÁGS.
Acer monspessulanum subsp. monspessulanum	ARCE DE MONTPELLIER, ARCE MENOR	ÁCERE, AFRE, ARCE, CASTAÑETERO, CASTAÑOLETERO, ESCUERNACABRAS, RABIACÁN	46
Acer pseudoplatanus	ARCE SICOMORO, FALSO PLÁTANO		103
Ailanthus altissima	ÁRBOL DEL CIELO, AILANTO	CAMOTE, MALHUELE	117
Alnus lusitanica	ALISO	ALISO, ALISA	84
Arbutus unedo	MADROÑO	MADROÑO, MADROÑERA	60
Betula pendula	ABEDUL	ABEDUL, ALAMILLO, ÁRBOL DE LAS LUCES, CHOPO BLANCO, LÁMPARO, LÁMPARA	36, 38
Betula pubescens	ABEDUL		
Castanea sativa	CASTAÑO	CASTAÑO	105
Celtis australis	ALMEZ, OJARANZO, LODÓN	LATONERO, LODÓN	91
Corylus avellana	AVELLANO	AVELLANO	96
Crataegus monogyna	ESPINO ALBAR, MAJUELO	ESPINO MAJOLETO, MAJUELO, AMAJOLETO, MAJOLETA, MANJULETO, MANJULETERO, ESPINO MAJULETERO, ESPINOVERO	99
Euonymus europaeus	BONETERO, FALSO BOJ	ESCUERNACABRAS	97
Fagus sylvatica	HAYA	HAYA	58
Ficus carica	HIGUERA	HIGUERA	115
Frangula alnus subsp. alnus	ARRACLÁN	RABIACANO, RABIACÁN, ESCUERNACABRAS	101
Fraxinus angustifolia	FRESNO	FRESNO, FRESNIZA	21
Fraxinus excelsior	FRESNO (DEL NORTE), FRESNO DE HOJA ANCHA	FRESNO	56
Fraxinus ornus	FRESNO DE FLOR		57
Ilex aquifolium	ACEBO	ACEBO, ACIBO, ACEBAL, ACEBERA	40
Juglans regia	NOGAL	NOGAL	107
Juniperus communis	ENEBRO COMÚN, JABINO	JABINO, ENEBRO, NEBRO	99
Juniperus oxycedrus subsp. badia	CADA, ENEBRO DE LA MIERA	JABINO, ENEBRO, NEBRO, CARRASCO, CHAPARRO, SABINO	30
Juniperus thurifera	SABINA, SABINA ALBAR	ENEBRO, NEBRO, CHAPARRA, SABINA	54
Laurus nobilis	LAUREL	LAUREL	125
Malus domestica	MANZANO	MANZANO, PERO	111

Especie	Nombres generales	Nombres guadarrámicos locales	Págs.
Malus sylvestris	Manzano silvestre	Maíllo, maguillo, maello, mailo	62
Morus nigra	Moral	Moral, morera	115
Olea europaea	Olivo	Olivo	115
Phillyrea angustifolia	Olivilla, labiérnago	Ladierna	101
Pinus halepensis	Pino carrasco		110, 121
Pinus nigra subsp. salzmannii	Pino laricio, pino salgareño, pino cascalbo, pino negral	Pino pudio, pino ampudio	72
Pinus pinaster	Pino resinero, pino rodeno, pino marítimo, pino negral	Pino resinero, pino negral, negral	32, 34
Pinus pinea	Pino piñonero	Pino piñonero	109, 121
Pinus sylvestris	Pino albar	Pino, pino silvestre, pino albar, pino de Valsaín, Pino Valsaín	24, 121
Pinus uncinata	Pino negro		110, 121
Pistacia terebinthus	Cornicabra, terebinto	Cornicabra	97
Populus alba	Álamo, álamo blanco, chopo blanco		43
Populus nigra	Chopo, chopo negro	Chopo, álamo negro	86
Populus tremula	Álamo temblón, chopo temblón, temblón, tiemblo	Alamillo, álamo, pobo, povo, álamo blanco, tremolina, tembleque, temblique, tiemblo	42
Populus x canadensis	Chopo canadiense, chopo híbrido	Chopo	116
Prunus avium	Cerezo silvestre	Cerezo, cerezo silvestre, morrino, guindo, morrionera	48, 113
Prunus cerasifera	Mirobálano, mirabolano	Ciruelo cascabelillo	112, 126
Prunus cerasus	Guindo	Guindo, guindo rabioso	113
Prunus domestica	Ciruelos	Ciruelos	112
Prunus dulcis	Almendro	Almendro	114
Prunus insititia	Ciruelo silvestre	Ciruelo bordizo, ciruelo negro	52
Prunus mahaleb	Cerezo de Santa Lucía, cerezo montesino	Cerecillo	97
Prunus padus subps. padus	Cerezo de flor, cerezo de racimo, cerezo aliso	Lilo blanco	50

Especie	Nombres generales	Nombres guadarrámicos locales	Págs.
Prunus persica	MELOCOTONERO	MELOCOTONERO	114
Prunus x gondouinii		GUINDO GARRAFAL	113
Pyrus bourgaeana	PIRUÉTANO, GALAPERO	PERAL	101
Pyrus communis	PERAL	PERAL	112
Quercus coccifera	COSCOJA		98
Quercus faginea s.l.	QUEJIGO	QUEJIGO, QUEJIDO, QUEJÍO, ROBLE, REBOLLO, REBOLLE	34
Quercus ilex subsp. ballota	ENCINA, CARRASCA, CHAPARRA	ENCINA, CARRASCA/O, CHAPARRA/O, ANCINA	18
Quercus petraea subsp. petraea	ROBLE ALBAR	ROBLE, ROBLE NEGRAL	74
Quercus pyrenaica	ROBLE MELOJO	ROBLE, REBOLLO	27
Quercus suber	ALCORNOQUE	ALCORNOQUE	44
Quercus × spp. (híbridos) entre encinas, alcornoques, quejigos, robles y coscojas	MESTOS		82
Rhamnus alaternus	ALADIERNO, CARRASQUILLA		96
Rhamnus cathartica	ESPINO CERVAL	ESCUERNACABRAS	98
Robinia pseudoacacia	FALSA ACACIA, ROBINIA	ACACIA, ALCACIA	118, 125
Salix alba		SAUCE, SAZ, SAZ BLANCO, SALGUERA, SACERA	92
Salix atrocinerea	SAUCE NEGRO	SAZ, SAUZ, SALGUERA, SARGA, SACERA, ELGUERA, SACE, VERGUERA, BARDAGUERA	94
Salix babylonica	SAUCE LLORÓN	SAUCE LLORÓN	117
Salix caprea			95
Salix eleagnos			95
Salix fragilis		MIMBRERA, SAZ LOCO, SAZ CHASQUIZO, SAUCE, SAZ SACERA	92
Salix purpurea			94
Salix salviifolia		BARDAGUERA	95
Salix triandra			95
Sambucus nigra	SAÚCO	SAÚCO, SABUCO, SABUGO	76
Sorbus aria	MOSTAJO	MOSTAJO/A, CORNEJO, MOSTAJERA, MOSTAZO, AMOSTAZO	64

Especie	Nombres generales	Nombres guadarrámicos locales	Págs.
Sorbus aucuparia	Serbal de cazadores	Serbal, arbal, serbellano, servellano, servillano, cerbellano, escuernacabra/os	78
Sorbus hybrida	Mostajo bastardo		66
Sorbus intermedia	Mostajo de hoja lobulada	Mostajo, cornejo	66
Sorbus latifolia	Mostajo negral, mostajo de hoja recortada	Mostajo, cornejo, peritas del Niño Jesús	66
Sorbus torminalis	Mostajo silvestre, capudio, sorbo		66
Tamarix gallica	Taray, taraje, tamarisco		102
Taxus baccata	Tejo	Tejo	80
Ulmus glabra	Olmo de montaña	Olmo, alamillo	70
Ulmus laevis	Olmo blanco, olmo llorón, olmo		90
Ulmus minor	Olmo común	Olmo, olma, álamo, álamo negro, álamo negrillo, negrillo	88
Ulmus pumila	Olmo siberiano	Olmo	119
Viburnum lantana	Morrionera	Escuernacabras	100
Viburnum opulus	Saúco de agua, mundillo		100

Los nombres se estructuran en cuatro columnas. En la primera están ordenados por su nombre científico. La segunda columna contiene los nombres comunes de la especie, como se les conoce en general y como frecuentemente figuran en la bibliografía. En la tercera, aparecen los nombres vernáculos, que es como se denomina a estas especies en la Sierra de Guadarrama o en algún ámbito local. En estos casos pueden coincidir con los nombres generales porque no haya designación vernácula específica. En la cuarta columna figura el número de página en la que aparecen en el presente libro. Por otro lado, en esta tabla no se incluyen las especies que figuran como raras o acompañantes.

OTRAS REFERENCIAS

Especie	Págs.
Abies alba	122
Abies nordmanniana	122
Abies pinsapo	122
Acer negundo	125

Especie	Págs.
Acer pseudoplatanus	103
Aesculus hippocastanum	125
Araucaria araucana	125
Calocedrus decurrens	121

ENUMERACIÓN DE LOS PROBLEMAS MÁS GRAVES DE LOS ÁRBOLES Y BOSQUES DE LA SIERRA

- Desarrollo urbanístico (incluyendo métodos sutiles como degradación deliberada de espacios naturales para provocar recalificación de terrenos, como está sucediendo con la Dehesa de Moralzarzal).
- Creación o remodelación de carreteras e infraestructuras, justificadas por el supuesto bien común.

- Sobreeexplotación: gestión cuestionable de algunas masas de rebollar arbustivo (sobrepastoreo), dehesas de fresnos (podas dañinas), pinar (cortas sin respetar arbolillos acompañantes).
- Sobrepastoreo de herbívoros silvestres, especialmente por superpoblación de cabra montés, que afecta especialmente a la regeneración de especies arbóreas y arbustivas escasas y amenazadas.
- Necesidad de un plan de recuperación y seguimiento de los tipos de bosque singulares (alcornocales, robledales albares, quejigares, sabinares, abedulares, tejedas, acebedas, tembledas), etc., y de ciertas especies arbóreas especialmente raras. Muy grave el caso de los olmos por la grafiosis, que puede provocar la extinción en un plazo muy corto de *Ulmus glabra*.
- Vertidos de aguas residuales (núcleos urbanos, vaquerías, cuadras), que afectan sobre todo a alisedas.
- Turismo verde masificado y actuaciones relacionadas en áreas delicadas o con árboles singulares.
- Plantaciones forestales u ornamentales en el medio natural con especies o variedades exóticas, particularmente grave cuando pueden hibridar con las autóctonas (caso de *Betula*).

FICHAS DE ESPECIES

Se presentan 50 fichas de árboles, simples o colectivas, agrupadas en seis bloques. Dentro de cada bloque se ordenan por nombres comunes. A continuación, figuran entre comillas los nombres vernáculos de la Sierra de Guadarrama, generalmente por orden de frecuencia. En recuadros o ventanas se han incluido especies presentes en la Sierra que son complementarias, pero de poca importancia o menos significativas.

Encina, carrasca, chaparra
Quercus ilex L. subsp. *ballota* (Desf.)
Samp. [= *Q. rotundifolia* Lam.]

Árbol o arbusto (en este último estado es más común llamarle chaparra o carrasca) perennifolio, característico del piedemonte de la Sierra, a menudo asociado al enebro de miera. Es un «roble» del género *Quercus* (de la familia de las fagáceas), que incluye entre 400 y 600 especies (record en México, 125), distribuidas por todo el hemisferio norte y Sudamérica, tanto caducifolias como perennifolias y que viven bajo condiciones climáticas muy dispares. La encina se extiende por la mitad occidental de la región Mediterránea y en España está en casi toda la península Ibérica e islas Baleares.

No suele llegar a 20 m de alto, con copa amplia, densa, tronco corto y corteza gris negruzca, finamente agrietada. Flores masculinas (amentos) amarillos (si tienen muchos dan poca bellota), y flores femeninas inapreciables que originan las bellotas (fruto tipo aquenio), marrón oscuro al madurar, con cúpula beige, y que a diferencia de otros congéneres suelen ser dulces como las castañas, madurando entre octubre-diciembre. En la Sierra, las bellotas de todos los *Quercus* en general, las aprovechan el ganado caballar, caprino y el más escaso porcino -a vacas y ovejas no les sientan bien-, y la fauna silvestre, en especial los jabalíes. Hojas pequeñas, coriáceas, suborbiculares a elípticas o lanceoladas, enteras o dentadas, pero dentado-espinosas en rebrotes y ramas de hasta 2 m como defensa ante los herbívoros. Son verdes oscuras, glabrescentes por el haz, y con una densa borra blanquecina por el envés. La raza nativa de la Sierra está muy bien adaptada al clima extremado del piedemonte serrano y la meseta, mediterráneo continental, con prolongado período de sequía estival y fuertes contrastes térmicos. Otra raza diferente, la subespecie *ilex*, de zonas más costeras, en la Sierra solo se ve cultivada en áreas recreativas y vías pecuarias (hojas mayores y lauroides, y bellotas amargas).

Los encinares suben en la Sierra hasta 1250 m, aunque hay bosquetes de encinas subrupícolas de solana y en laderas norte en barrancos orientados al sur u oeste, hasta 1500 m o más, y matas aisladas que de modo excepcional llegan a 2000 m (La Maliciosa). Encinas sueltas entran también en otros bosques.

Parte de los bosques de encina (encinares, chaparrales, carrascales), están adehesados, armonizando aprovechamiento de pasto, leña y bellotas. En suelos más frescos y al aumentar la precipitación es desplazada por árboles más

exigentes como robles, quejigos, alcornoques o fresnos, si bien, en ocasiones el hombre ha favorecido la transformación tanto de algunas masas de aquellos o de encinares mixtos con dichos árboles en encinares puros, por su madera, leña y fruto, o por su mayor resistencia a acción combinada de la sequía y el diente del ganado; algunos autores sostienen que gran parte de la Dehesa de Moncalvillo era originalmente un quejigar, para pasar a ser un encinar con pequeños bosquetes de quejigo refugiados en umbrías. En suelos esqueléticos o en zonas más frías cede espacio a enebros de miera o sabinas albares.

Los encinares silicícolas de la vertiente madrileña de la Sierra parecen formar un mar verde oscuro entre las localidades de El Escorial-Galapagar-Collado Villalba-Colmenar Viejo, al unirse a los de las laderas de la sierra de Hoyo de Manzanares, que a su vez están conectados a los del Monte de El Pardo (que bajan hasta Madrid capital), aparte de otras superficies menores: norte de La Almenara, Moralzarzal, Los Molinos, Alpedrete, Cerceda, Manzanares el Real (Pedriza incluida), Miraflores, Colmenar Viejo-San Agustín de Guadalix, rodales en Bustarviejo, Navalafuente-Cabanillas de la Sierra, solana de la sierra de la Cabrera, Lozoya-Gargantilla, Pinilla-Gargantilla-El Cuadrón-Buitrago de Lozoya, Alameda del Valle, etc. En la parte de Segovia son más esporádicos: El Espinar, solana de sierra del Quintanar, Revenga, La Granja de San Ildefonso, Cerezo de Arriba, Santo Tomé del Puerto, etc. En los confines orientales de la sierra de Malagón (Valdelavia, Ávila) se ve una dehesa degradada de encinas, a más de 1300 m. Encinares sobre calizas hay en Madrid en torno al embalse de el Vellón, Dehesa de Moncalvillo y Cerceda, y en Segovia en Otero de Herreros, Navas de Riofrío, etc.

Como en casi todas partes, en la Sierra son muy valoradas su leña, madera y carbón vegetal, de la mejor calidad. En la Comunidad de Madrid, hay órdenes que regulan sus cortas y podas (Decretos 111/1988, de 27 de diciembre, y 8/1986, de 23 de enero).

En la Sierra no se han catalogado encinas singulares, aunque algunas merecerían serlo: muchas y muy gruesas en Santo Tomé del Puerto (Segovia), cumbre de la Almenara (una de 4 metros de perímetro), La Pedriza (riscos de Charca Verde, Umbría Cuervo, Milaneras, Laberinto, etc.; rodales de encinas centenarias rupícolas), y sierra de la Cabrera.

Fresno, «fresniza»
Fraxinus angustifolia Vahl

El fresno pertenece a las oleáceas, importante familia botánica que incluye especies tan conocidas como olivos (*Olea*), aligustres (*Ligustrum*), jazmines (*Jasminum*), lilos (*Syringa*), etc.

Es árbol esbelto, de copa amplia, corteza grisácea y agrietada, que puede alcanzar 25 m de altura, aunque a menudo en las dehesas se ve trasmochado por poda periódica, con un tronco ensanchado de cuya cruz parten numerosas ramas que le dan aspecto de cabellera. Hojas caducas y compuestas por un número impar de hojuelas, entre 3 y 11, de forma lanceolada y con dientes espaciados. Yemas invernales de las hojas pardas o marrones claras, a diferencia de las de *F. excelsior*, muy oscuras. Flores en grupitos colgantes al final del invierno o al comienzo de la primavera, antes que las hojas, y verdosas y sin pétalos porque su polinización se hace por el viento. Los frutos son sámaras consistentes en una semilla alargada con un ala membranosa para poder dispersarse por el viento. *Flora iberica* diferencia dos tipos generales: la subespecie. *angustifolia* (de hojas completamente lampiñas), común en la Sierra, y la subespecie *oxycarpa* (M. Bieb. ex Willd.; con hojuelas con rabillo y base del nervio medio por el envés pelosos), y de la que se ha citado un pie en la cabecera del río Cega (Segovia).

Crece en fondos de valle formando bosques o dehesas ganaderas, a menudo mezclado con robles. Es común también en sotos fluviales en la zona más exterior de la orla arbórea de los cursos de agua, rara vez con el tronco al pie del agua como sauces o alisos, y en laderas con nivel freático elevado próximas a manantiales o fuentes. Necesita suelos húmedos, pero no encharcados permanentemente. Indiferente al tipo de suelo, abunda más en sustratos ácidos, sueltos y arenosos. Crece desde el nivel del mar hasta 1600 m, con óptimo en la Sierra entre 800 y 1200 m.

De forma natural en la región mediterránea occidental, presente en toda la península Ibérica, aunque convive, hibrida o es sustituido por *F. excelsior* en la franja norte. En el centro peninsular y sierra de Guadarrama tenemos una de las mejores representaciones mundiales de *F. angustifolia*, con ejemplares centenarios en torno al bosque de la Herrería (El Escorial). Otras importantes formaciones en Guadarrama, Manzanares, Soto del Real, El Berrueco, La Cabrera, Valdemanco, Venturada, El Vellón y valle del Paular. En la vertiente segoviana un soto es una fresneda adehesada, y allí son notables las de Otero de Herreros, Ortigosa del Monte, La Losa, Navas de Riofrío, Las Navillas, Soto de Revenga, San Ildefonso, Torrecaballeros, Collado Hermoso, Navafría y Matabuena. También hay fresnedas en laderas rocosas húmedas, por ejemplo en Canencia.

La Comunidad de Madrid ha catalogado varios ejemplares como árboles singulares, destacando los Fresnos de la Reguera I y II de Braojos (uno ya muerto), el Fresno del Frontón (El Berrueco) y el Fresno de Gargantilla del Lozoya. En Castilla y León declarado singular el Fresno Alto (Gallegos).

En la Sierra también es conocido como fresno de la tierra o de hoja estrecha (castellanización de su epíteto específico, *angustifolia*), para diferenciarlo de *F. excelsior*. Algunos fresnos tienen considerables dimensiones y se han sometido desde antiguo al desmochado, convirtiéndolos en los llamados «trasmochos» o «cabezas de gato», mediante poda drástica de ramas («fresniza», nombre también dado a fresnos jóvenes), para leñas y alimentación complementaria del ganado, tras agostarse los pastos estivales. Tradicionalmente se realizaba de forma manual con hachas o sierras mecánicas respetando los turnos de poda. Así, el fresno crece mucho en grosor, vive más años y presenta portes espectaculares. En la actualidad, parte del ganado está estabulado y recibe aportes suplementarios de piensos, con lo que en algunos lugares deja de podarse, generando ramas débiles, tronchadas por el viento, acelerando la podredumbre y muerte de árbol. Otras veces se poda inadecuadamente, porque con las motosierras los fresnos se podan todos los años al ras del tronco, siendo incapaces de generar en la primavera siguiente un volumen de hojas y ramas proporcional a su tamaño, secándose parte del tronco y favoreciéndose la podredumbre por proliferación de hongos parásitos y descomponedores. Así se murieron muchos ejemplares catalogables como monumentales.

Con su madera se confeccionan aún pequeños objetos torneados y mangos de herramientas, y de sus ramas salen estupendas varas para apoyarse al caminar o varear frutos como aceitunas o castañas.

En ocasiones llama la atención ver la pérdida total de hoja de los fresnos antes del otoño, causada por la oruga defoliadora de la mariposa *Abraxas pantaria*. Al final del verano se ven hilos de seda con orugas colgando, buscando lugar para convertirse en crisálida y realizar la metamorfosis. No obstante, el árbol se recupera bien en la primavera siguiente, pues las hojas cumplieron su tarea fotosintetizadora toda la primavera y el verano.

La presunta aparición de la Virgen de los Dolores en 1981 a Amparo Cuevas en un fresno de la finca Prado Nuevo (El Escorial), motivó la creación de una comunidad religiosa y benéfica. Además la romería de la Virgen de Gracia ubicada en La Herrería, una dehesa de fresnos y robles, es la segunda más importante de España en participantes, tras la de El Rocío (Huelva).

Pino silvestre, pino albar, pino de Valsaín, pino Valsaín, pino

Pinus sylvestris L.

Pertenece al género *Pinus*, con unas 110 especies, distribuidas por el hemisferio norte (salvo una en la isla de Sumatra), de la familia *Pinaceae*. El pino silvestre es el más extendido del mundo, en Europa, este y norte de Asia. En el sur se comporta como árbol de alta montaña, pero en cambio en latitudes boreales y próximas baja hasta el nivel del mar. Además se ha extendido fuera de su área natural por plantaciones forestales.

En España se encuentra de modo natural en las cordilleras Pirenaica, Ibérica y Central, con núcleos residuales en el macizo Galaico-Portugués, cañones mesetarios de los ríos Cega y Eresma (Segovia), y cordilleras, costero-catalanas, Cantábrica meridional, y Bética (Sierra Nevada y sierra de Baza).

Rivaliza con el roble melojo por ser el árbol más representativo de la sierra de Guadarrama. Buena parte de las plantaciones de pino se han realizado en área de robledal, y a veces el pino ha sido favorecido a expensas del roble, pero hay pinares naturales que comienzan en torno a 1200 m, como en los valles de la Fuenfría y del río Moros, sin apenas roble. A veces la ordenación forestal puede dar la impresión de falsas repoblaciones antiguas. Forma pinar natural en dos pisos: en el supramediterráneo el meloja en términos cuantitativos es más abundante, pero el pino persiste en valles más fríos, suelos más pobres, etc.; en el oromediterráneo marca el límite superior (treeline, timberline), de la vegetación arbórea, que sobreviene según zonas entre 1900 y 2150 m (hay pinitos a mayor altura, (uno hacia la cumbre de Peñalara ronda los 2400 m). Y parece que el pinar coloniza cotas cada vez más altas debido al calentamiento global. Además consta por documentos históricos que hubo pinar en zonas hoy peladas, como el isleo madrileño en Ávila de La Cepeda, y pudo haberlos en otros montes deforestados, como el Mondalindo. Dividimos los pinares de la sierra de Guadarrama por su origen en cinco categorías:

- Pinares naturales. En la vertiente madrileña en valle de la Jarosa, puerto de Guadarrama, valle de la Fuenfría, Siete Picos, alto valle del Paular y Barranca de Navacerrada, unidos sin solución de continuidad, con los de la vertiente segoviana, desde el nordeste de la sierra de Malagón, valle del río Moros, Mujer Muerta, Siete Picos, Valsaín (una de sus mejores representaciones mundiales), hasta el puerto de Navafría. En la porción abulense están los Pinares Llanos (Peguerinos), en la sierra de Malagón. Superficies menores en puerto de Navafría, Abantos y Robledondo. La sierra de Guadarrama es afortunada, pues en el resto del sistema Central desaparecieron debido al fuego y el sobrepastoreo, salvo fragmentos dispersos en Gredos y Ayllón.
- Pinares repoblados en áreas con remanente de pinos naturales sueltos o en rodales. Abantos, puerto de Canencia, Pedriza Posterior, sierra del Francés.
- Pinares repoblados en áreas deforestadas de su área potencial. Partes altas entre los puertos de Navafría y Somosierra (ambas vertientes), sur de Cuerda Larga hasta la Najarra, puerto de la Morcuera, este del Escorial, o en Segovia, Siete Arroyos (Tres Casas).

• Pinares jóvenes espontáneos desarrollados a partir de plantaciones vecinas. Por ejemplo al oeste del collado de Tiro Barra (Bustarviejo, también con pino resinero), como ampliación oriental espontánea del Pinar de la Umbría, o curso alto del arroyo Artiñuelo (Rascafría).

• Pinares repoblados en área potencial de robles y otras frondosas. Partes bajas y medias de los pinares de apartados anteriores y otros lugares como umbría de la sierra de la Cabrera.

En la Sierra este árbol es explotado por su excelente madera de forma sostenible, a veces de forma modélica, como en Valsaín y El Paular, pero en otros enclaves como Navafría de forma menos cuidadosa. Las reforestaciones deberían ser hechas siempre con simiente de pinos guadarrámicos (algunos autores asignan estos a la variedad *iberica* Sbov.). Los pinos proporcionaban teas para iluminarse hasta mediados del siglo XX. Al pino silvestre se vincula la mariposa nocturna protegida *Graellsia isabellae* (con un monumento dedicado a ella en Peguerinos), descrita por Mariano de la Paz Graells en 1848, dedicada a la reina Isabel II de España.

Ejemplares singulares declarados en Madrid son los de la Cadena (Cercedilla), La Pinosilla (Guadarrama), sierra del Francés (Manzanares el Real), ermita de Nuestra Señora de Gracia (San Lorenzo de El Escorial), algunos de ellos de más de 200 años y con troncos de más de 4 m de perímetro. Otros pinos monumentales no declarados en la Pedriza Posterior, sierra del Francés, bajo Cabezas de Hierro en el valle del Paular. En Segovia, protegidos los del refugio de El Chorro (Navafría) y Arroyofrío de Valsaín (San Ildefonso). Otros enormes en los pinares de Valsaín (valle del río Peces, valle de la Acebeda -curva de la casa forestal del Empalado-, los Asientos- camino al puente de los Canales, Pradera de Navalhorno), y umbría de las Guadarramillas (de 433 y 390 cm de perímetro normal).

Roble, rebollo, melojo
Quercus pyrenaica Willd

Pertenece a la amplia familia de las fagáceas. Quizá sea, junto con el pino silvestre, el árbol más emblemático de la sierra de Guadarrama, con área potencial más amplia. El famoso nombre roble melojo no es vernáculo aquí.

Árbol que rara vez alcanza 20 m, de copa amplia y densa, a menudo reducido por la explotación secular para leñas y carbón a un arbolillo o arbusto ramoso y enmarañado, capaz de rebrotar de la raíz o cepa, origen del nombre «rebollo», pudiendo originarse montes densos con numerosos troncos, en realidad pies que proceden de una misma cepa, que puede ser varias veces centenaria.

Hojas profundamente lobuladas, aterciopeladas por ambas caras (adaptación a la sequía), suaves y sedosas al tacto, de hasta 12 mm de largo. Sobre todo en ejemplares jóvenes, se mantienen secas en el árbol en invierno, protegiendo las yemas nuevas. Dicha modalidad se llama *marcescencia*, de significación incierta.

La variedad cromática de sus bosques es extraordinaria a lo largo del año. Al aparecer las hojas nuevas tienen un tinte rosado o violáceo que dura unos pocos días, luego el verde claro de la primavera tardía da paso al verde intenso en el verano. Se van amarilleando por los bordes hacia el otoño, cambiando primero a doradas y después a grisáceas o pardas en invierno. Siempre contrastan con el verde oscuro de los encinares del nivel inferior y el verde-azulado de los pinares de silvestre situados habitualmente por encima.

Las flores masculinas salen en mayo, sin terminar de desarrollarse las hojas, en largos filamentos amarillentos (amentos). Las flores femeninas suelen pasar desapercibidas y, una vez fecundadas, originan las bellotas, amargas.

Crece en terrenos ácidos, lavados o desprovistos de cal. En la Sierra mayoritariamente en el piso supramediterráneo, principalmente entre 900 y 1700 m, aunque la roturación del terreno para cultivos o las plantaciones de pinos para su explotación han mermado su área original. En pinares repoblados en su área rebrota con fuerza de cepa, o a partir de bellotas enterradas por la fauna.

Prefiere suelos más o menos profundos. En fondos de valle suele formar bosques mixtos con fresnos explotados tradicionalmente como dehesas ganaderas, y su presencia está asociada a un nivel freático elevado que mantiene humedad en verano.

El monte de rebollo tiene una importancia ecológica enorme para la fauna. Diversos microorganismos como invertebrados, bacterias y hongos, tanto de especies que viven en simbiosis, como saprófitas —reciclando las hojas y restos leñosos—, generan un suelo muy fértil y rico en humus. Es común que las hojas, brotes o bellotas sean parasitados por insectos que generan malformaciones denominadas agallas. Una de las más comunes es una bola leñosa de 3-4 cm de diámetro, a veces granulada, generada por el roble como reacción, envolviendo y aislando el huevo de la avispilla *Andricus quercustozae*, donde luego se desarrolla la larva encontrando refugio y alimento, dejando un agujero al salir. No deben confundirse con los frutos del roble, las bellotas.

De forma natural se distribuye por la península Ibérica, oeste y suroeste de Francia y Atlas marroquí. El epíteto específico *pyrenaica* origina confusión, pues en Pirineos solo crece en su sector occidental.

Los mejores rebollares son los de la Herrería (San Lorenzo de El Escorial), o las grandes masas en torno a Canencia, Miraflores de la Sierra-Bustarviejo y valle del Paular. En la vertiente segoviana, Mata del Pirón y el Parque del Rey (San Ildefonso), y en Ávila, sobre Las Navas del Marqués. Los rebollares ibéricos o ayllonenses aparecen en el extremo oriental, más oceánicos y húmedos con humedad y precipitación estivales algo más elevadas, puros o mezclados con roble albar, por Robregordo, La Acebeda y Somosierra. Los rebollares con influencias luso-extremadurenses quedan fuera del ámbito guadarrámico (Las Rozas de Puerto Real).

El principal uso del rebollo en la Sierra actualmente es su madera, para leña. El carboneo prácticamente se abandonó en los años 60 del pasado siglo. Muchos montes comunales se explotan por suertes o parcelas en las que se cortan o entresacan pies de melojo por turnos que oscilan entre diez y veinte años y se reparten entre los vecinos. Hay especialización en la explotación, encontrando montes huecos, rasos, cepedas, sardonales, etc., pero muchos se están haciendo más densos por abandono de estos usos y aparición de nuevas especies en los estratos leñosos más bajos y en espacios abiertos de dehesas. Las bellotas y brotes tiernos son consumidos por animales silvestres y ganado.

La Comunidad de Madrid ha catalogado varios como Árboles Singulares entre los que destacan el Rebollo de La Maleza (Lozoya) y el Rebollo de la Mata del Pañuelo (Rascafría). En Segovia están protegidos los Robles de Matabuena I y II, el Roble de la Llanada (Gallegos), el Roble de la Saúca y el Roble de Valsaín en San Ildefonso, el Roble de Maromingo (Arcones) y el Roble de Prados (El Espinar).

Jabino, enebro, «nebro», «carrasco», «chaparro», «sabino»
Juniperus oxycedrus L. subsp. *badia* (H. Gay) Debeaux

Pertenece al grupo de enebros y sabinas (género *Juniperus*, familia de los cipreses, cupresáceas), con unas 50 especies, la mayoría del hemisferio norte. Es típicamente circunmediterráneo y del sudeste asiático. Algunos creen que la raza arbórea debe llamarse subsp. *lagunae*.

En Guadarrama acompaña a encinares sobre suelos silíceos (aunque es indiferente edáfico), en zonas secas, solanas y berrocales, hasta 1200 m, salvo excepciones de inversión térmica en macizos graníticos. Un segundo papel es el de ser comunidad permanente en zonas *superrocosas*. Contacta también con alcornocal, quejigar, melojar o pinar, colonizando zonas baldías de pastizal.

No rebrota de cepa tras incendio, pero germina fácilmente de semilla (procedente de excrementos de animales), con crecimiento rápido inicial. Fuegos recurrentes lo eliminan completamente.

Generalmente arbusto, rara vez arbóreo. Clusio (siglo XVII) citaba en Guadarrama enebros mayores de 20 m de altura y de grosor suficiente para producir vigas; hoy raramente alcanzan 10 m. Tiene aspecto pinchudo y hojas cortas aciculares, con 2 bandas estomáticas blanquecinas en el haz. Corteza grisácea desprendida en tiras finas. Flores en pies separados (especie dioica), las masculinas en invierno y las femeninas más tarde. Semillas (gálbulos) maduras rojizas o marrones, conteniendo varias pepitas.

Los enebrales se concentran en la vertiente madrileña, de la Almenara a La Cabrera: Robledo de Chavela y Zarzalejo, Las Machotas, cañón del Aulencia (Colmenarejo), Sierra de Hoyo de Manzanares, Navacerrada-Becerril (sobre todo arroyo de la Angostura), Cabezo Illescas, La Pedriza, Bustarviejo, Navalafuente, Dehesa de Moncalvillo, etc. En el valle del Lozoya escasean, con sabina albar y encina, al este de Lozoya pueblo. Hay raros enebrales sobre calizas, como parte de los del puerto de la Cruz Verde.

La vertiente segoviana parece demasiado fría, desplazándole «enebrales» de *Juniperus thurifera* (en el sector oriental). Aparece escaso hacia Revenga y La Granja.

Árbol útil y apreciado en la cultura ganadera serrana. Madera, rojiza, dura e imputrescible, utilizada para palos, vigas, postes de fincas y pequeñas piezas, y para tallar cucharas. Se extraía también brea o miera para curar las pezuñas de cabras y caballerías, cicatrizar, hacer salir el pelo y regenerar la piel en general.

Los «frutos» eran consumidos por el ganado, aunque considerados abortivos. Son tóxicos pero se pueden llevar en la boca para refrescar y quitar la sed, sin comerlos. Con ellos se hacía en algunos pueblos serranos un rito para curar verrugas y papilomas, enterrando en un hoyo tantas «bolas» como verrugas se tenga, sin deber volver a pasar por allí.

Está declarado como singular el de Los Canalizos (Monte 87 de U.P. El Chaparral y La Umbría, Lozoya), junto a una sabina. Mide 2,26 m de perímetro normal, 5,70 m de alto, de unos 350 años. Hay otros grandes a proteger.

No debe confundirse con *Juniperus communis* o *J. thurifera* (véanse sus fichas). Las personas mayores de los pueblos serranos suelen llamar «jabinos» a los juníperos que pinchan y «enebro» al que no (*Juniperus thurifera*). No los llaman aquí enebro de la miera y cada.

Pino resinero, pino negral, «negral»
Pinus pinaster Aiton

«… que era un mancebo como un pino de oro…».

Don Quijote de la Mancha,
Miguel de CERVANTES

La cita alude al que es de buena presencia y decidido para acometer acciones. Los pinos acarrean mala fama como especies de repoblación por suplantar a frondosas supuestamente más nobles; el pino resinero, abundante y poco «gallardo», con tronco a menudo tortuoso, es el más denostado. De la familia de las pináceas, es el segundo en importancia en la sierra de Guadarrama tras el pino silvestre. Tiene hojas (acículas) pinchudas, en pares, muy largas (10-25 cm). Corteza gruesa castaño oscura. Piñas alargadas y grandes (8-22 cm), con piñones pequeños con ala membranosa, comestibles, de sabor algo resinoso. Pueden vivir 300 años, pero no suelen pasar de 100.

Forma bosques puros o mixtos sobre suelos ácidos, soportando bien los pedregosos y secos. De forma natural está en la cuenca mediterránea occidental y es el más abundante en España. En la Sierra suele darse entre 900 y 1500 m, asociado a matorrales de sustitución de encina y melojo, siendo de origen natural entre Madrid y Ávila: San Lorenzo de El Escorial, sierra de Malagón, Robledo de Chavela, Valdemaqueda, Navalperal de Pinares, etc., pero extendidos a costa de otros bosques por repoblación para proteger terrenos erosionados y deforestados.

Se mezclan con pinos silvestres en umbrías y cañadas,

pinos laricios en zonas medias y con otras especies repobladas en el monte Abantos, en terreno experimental, desde finales del siglo XIX y a lo largo del XX. Otras masas principalmente artificiales: Santa María de la Alameda, embalse de La Jarosa-puerto de Guadarrama, Los Molinos, Cercedilla, Nava-cerrada, La Pedriza, sur de La Najarra, Bustarviejo (Pinarejo, solana Cancho Abantos), Valdemanco, Lozoyuela, umbría de sierra de la Cabrera, etc. Ade-más hay ejemplares espontáneos dispersos por las rampas serranas.

Hay un pino negral protegido en Madrid, el de San Antonio (Robledo de Chavela; el de los Juanelos, San Lorenzo de El Escorial ha sido descatalogado). Aparte destacan los del arroyo de Peñalara, cerca de Valsaín, cultivados.

Llamado pino resinero, rodeno, marítimo, y en el oeste de Madrid pino negral (nombre confuso, también dado al pino pudio). El epíteto específico *pinaster* aplicaba a un pino silvestre con tronco tortuoso (sufijo –*aster* indica imperfección).

Gran parte de las plantaciones tienen fines protectores, pero otras son para explotar la resina; algunas, tras abandonarse durante años se han vuelto a resinar, como en Tierra de Pinares (Segovia). Es el principal productor de resina (en ocasiones extraída de pinos carrascos y pudios). La resinación debe ser precisa, con herramientas específicas para realizar incisiones longitudina-les en la parte baja del tronco, para que la resina caiga en potes de plástico (antiguamente de barro) sujetos por un clavo, con una cuña metálica. El uso de ácidos genera mayor producción pero perjudica al árbol. Des-tilar la resina proporciona aguarrás, colofonia y pez. Madera de menos calidad que la del pino silvestre, subastada para leñas, pasta de papel, tablas, maderos y vigas.

Quejigo, «quejido», «quejío», «roble», «rebollo», «rebolle»

Quercus faginea Lam. subsp. *faginea* y subsp. *broteroi* (Coutinho) A. Camus

El roble caducifolio ibérico más xerófilo, capaz de vivir en las umbrías de los secos dominios de la encina. Su papel es esencial en la vegetación ibérica, destacando la subespecie *faginea* en zonas calizas de la submeseta norte y la comarca de la Alcarria, donde el triunvirato encina-quejigo-sabina albar caracteriza la vegetación potencial.

En la Sierra está sobre todo la subespecie *faginea*, endemismo ibérico y de Mallorca, pero más común en la mitad oriental peninsular. No es basófila estricta, pero en sustrato silíceo suelen mostrarse más competitivos roble melojo y alcornoque. Mide hasta 20 m, pero puede ser arbustivo y emitir estolones. Tiene corteza agrietada, hojas de 3-9 cm de largo, verde claro, dentado-aserradas, subcoriáceas, tomentosas por el envés. Las bellotas maduran en septiembre-octubre, muy tempranas.

La subespecie, *broteroi*, más termófila, con hojas mayores y tomentosas por el envés, sustituye en parte a la *faginea* en la mitad occidental peninsular o «Iberia silícea», y vive también en el NO de África. Rara vez forma bosques puros. Hay formas de transición entre ambas subespecies y se puede llegar a determinaciones erróneas por frecuente hibridación del quejigo con otros *Quercus*.

En la base de la Sierra hay topónimos alusivos al quejigo: El Quejigal (embalse del Vellón), Navalquejigo (Villalba-El Escorial), Ren de los Quejigares y Dehesa de Navalquejigo (Robledo de Chavela), Valle de los Robles (oeste del monte de El Pardo), arroyo del Quejigal (Valdeprados, Segovia; extinto), etc.

En el Guadarrama el quejigo aparece salpicado, frecuente en la rampa madrileña desde la cuenca del Aulencia hasta el piedemonte de las Cabreras en el Berrueco, con pequeños quejigares silicícolas en Valdemorillo, Hoyo de Manzanares, Navalafuente, Dehesa de Moncalvillo, etc. En la Sierra principal escasea, en la parte baja de las laderas en zonas de contacto entre encinares y melojares. Pequeñas poblaciones montanas en la sierra de la Almenara (subsp. *broteroi*), Barranco de la Cabeza-El Escorial, la Jarosa, San Pedro y el Chaparral, La Pedriza (Hueco de Coberteros, Charca Verde), dehesa de Roblellano (La Cabrera). El quejigo no suele superar los 1200 metros (un ejemplar achaparrado a 1700 en el valle de la Fuenfría). Hay un insólito rodal de origen cultivado mixto con rebollo hacia Canencia.

Los quejigares basófilos se salpican en los afloramientos cretácicos, en Valdemorillo-Cerceda, entre Soto del Real y Torrelaguna, valle del Lozoya (El Paular, embalse de la Pinilla, etc.), en el lado madrileño, y entre la cuenca del río Moros y las extensas parameras calizas más microtérmicas desde Arcones a

Siguero en la segoviana, monte de Riofrío, laderas calizas del río Moros, Otero de Herreros, etc.

Hay un quejigo declarado singular en bosque de la Herrería, y ejemplares muy grandes en Soto del Real. El carboneo de los quejigos ha sido la principal causa de su degradación, y el descuaje de rodales para el aprovechamiento de la cal como en las Calerizas (Soto del Real), incluyendo su leña para los hornos de cal. También las urbanizaciones, como entre Soto del Real y el cerro de San Pedro.

Abedul, «lámparo/a», «biezo», «alamillo», «árbol de las luces», «chopo blanco»
Betula pendula Roth

Árbol de gran parte de Europa, Asia occidental y el N de África (Marruecos), frecuente en el tercio N de la península Ibérica, donde estaría presente la subespecie *pendula*. En el centro y sur se limita a los sistemas Central e Ibérico, Montes de Toledo y Sierras Béticas, donde aparece la subsp. *fontqueri* (Rothm.) G. Moreno & Peinado, presente también en Marruecos. Ambas subespecies aparecerían por el sistema Central, aunque las poblaciones naturales de la sierra de Guadarrama parecen corresponder a la segunda.

Muy semejante al abedul pubescente pero con peciolos y brotes glabros (salvo a veces los chupones basales), brotes más glandulosos, ramillas péndulas (especialmente en las formas cultivadas), hojas redondeado triangulares y acuminadas, generalmente doblemente aserradas y corteza que desarrolla rugosos rombos o flechas negras que acaban por recubrir la base entera. El tamaño de las alas y brácteas permite diferenciar subespecies y variedades, aunque de validez dudosa, teniendo cuidado de mirar frutos completamente maduros (a partir de setiembre): en la subespecie *fontqueri* las alas son menores que los estilos, mientras que en la subsp. *pendula* las alas los superan, o igualan en la variedad *meridionalis*, propia de la península Ibérica.

No es tan higrófilo como el abedul pubescente, puede aparecer en roquedos y laderas de umbría sin humedad edáfica. En la sierra de Guadarrama apa-

rece dispersa en riberas o laderas rocosas entre 1100-1800 m. Es árbol cuyo polen y semillas se dispersan con el viento. Las glándulas resinosas son una adaptación frente a los mamíferos herbívoros.

Especie poco abundante y localizada, aparece dispersa en la Dehesa de La Garganta de El Espinar, La Pedriza (en el Circo de La Pedriza y hacia el Hueco de San Blas), laderas orientales de la Najarra en Miraflores (muy rara) y escasa en el río Lozoya y algunos arroyos de Rascafría y Robregordo. Ya fuera de Guadarrama domina en la Dehesa de Somosierra. Hay una plantación forestal de la variedad *pendula* en Collado Hermoso y en el pinar del monte Abantos del Escorial. Esta forma procedente de Europa Central y boreal, es la más plantada en áreas recreativas y jardines.

Dada su escasez no se conocen usos específicos en la sierra de Guadarrama.

Especie declarada de Interés Especial en la Comunidad de Madrid (Decreto 18/1992), aunque se propuso pasarlo a Vulnerable (Blanco 1999), y de Atención Preferente en Castilla y León (Decreto 63/2007). Un abedul de la Dehesa Comunal de Robregordo está declarado Árbol Singular (Orden 68/2015). La subespecie *fontqueri* está considerada en Peligro Crítico en España (Moreno 2008). Este abedul refleja especialmente la importancia de evitar las plantaciones con árboles que no sean de procedencia local. El mayor tamaño de las alas de los frutos de las razas procedentes de Europa central y boreal podría ser una consecuencia de haberse seleccionado formas con mayor capacidad dispersiva tras la retirada de los glaciares pleistocenos, que pudieran colonizar las vastas superficies descubiertas. En la península Ibérica esto no sería tan necesario, pues habrían bastado cortas migraciones altitudinales.

Abedul,«lámparo/a», «biezo», «alamillo», «árbol de las luces», «chopo blanco»

Betula pubescens Ehrh. (= *B. alba* L.)

Árbol de gran parte de Europa y Asia, frecuente en el tercio N de la península Ibérica. Desciende por las montañas hasta el sistema Central y, muy raro, en Montes de Toledo. Las poblaciones de la península Ibérica y SO de Francia, caracterizadas por la abundancia de glándulas resinosas en las ramillas, frecuentemente se han diferenciado como una subespecie particular, *B. pubescens* subsp. *celtiberica* (Rothm. & Vasc.) Rivas-Martínez.

Árbol de hasta 20 m, con ramillas abundantes, no péndulas salvo en árboles viejos. Corteza lisa que se desprende en tiras, con lenticelas alargadas transversalmente, al principio rojiza pero en árboles maduros blanca grisácea y agrietada en la base. Los brotes del año son pubescentes (hay que mirar los brotes largos, no los brotes cortos sin apenas crecimiento en longitud). Hojas caducas, redondeado-triangulares con dientes irregulares, generalmente simples pero a veces alguno doblemente dentado. Peciolos vellosos. Las flores van en amentos de sexos separados, liberando el polen en abril-mayo y maduración de los frutos en setiembre. Cada amento contiene multitud de frutos consistentes en una semilla con dos alas, generalmente en número de tres en la base de una bráctea trilobulada. Polen y semillas se dispersan con el viento. Existe una variedad de hojas cuneadas, ramillos poco pelosos y brácteas de los frutos con lóbulos erectos (var. *carpatica*) tal vez presente en la sierra de Guadarrama.

Vive en zonas con humedad edáfica por lo menos estacionalmente: riberas, laderas rezumantes, etc., desde 1100 m hasta 1900 m de altitud. Forma pequeños rodales o aparece como árboles dispersos. A veces tienen un carácter pionero o colonizador, especialmente en zonas húmedas donde ha cesado el pastoreo.

Especie poco abundante en general, localizada principalmente en la vertiente madrileña, aunque en la sierra de Ayllón aparece frecuente en Madrid, Segovia y Guadalajara. Llega a ser frecuente puntualmente en los valles del Paular, Canencia y Bustarviejo. Raro en Navafría. Existen plantaciones en La Granja de San Ildefonso, Palazuelos del Eresma, Cercedilla, Garganta de los Montes, Navarredonda, Rascafría, Lozoya y Canencia.

Se ha observado su empleo esporádicamente como vigas en pequeñas construcciones (casillas o cabañas).

Especie declarada de Interés Especial en la Comunidad de Madrid donde se han declarado además varios ejemplares como Árboles Singulares (Decreto 18/1992), dos de ellos en la sierra de Guadarrama: abedules del Arroyo del Toril en Canencia que alcanzan 20 m de altura (el más alto) y 4,20 m de perímetro normal (el más grueso).

Los abedules son complejos en su taxonomía, con diferentes encuadres y subespecies o variedades según los autores y que además pueden hibridarse. Por tal motivo no conviene realizar plantaciones, siendo mejor favorecer la expansión natural. El vernáculo biezo para el árbol y beceda para el bosquete parece conservarse solo en la sierra de Ayllón segoviana, pero ha dejado varios topónimos en la sierra de Guadarrama en Ortigosa del Monte, La Losa, Alameda del Valle y Bustarviejo.

Acebo, «acibo», «acebal», «acebera»
Ilex aquifolium L.

El género *Ilex* (familia aquifoliáceas), distribuido por todo el mundo, con cerca de 400 especies, generalmente arbustos o pequeños árboles siempreverdes, algunos muy conocidos como estimulantes, como el mate (*Ilex paraguayensis*), y otros por su buena madera y valor ornamental. En la Europa occidental y mediterránea sólo vive *I. aquifolium*, especie lauroide de origen subtropical pero bien adaptada a los bosques templado-fríos. Parientes subtropicales quedan en las Islas macaronésicas (*Ilex canariensis, I. perado, I. platyphylla*).

En el Guadarrama es poco frecuente. Recibe en toda la Sierra el nombre de acebo, y localmente *acibo* o *arcebo*. Hay toponimia como *La Acebeda*, pueblo de Madrid (donde no hay acebeda) o *El Pinar de la Acebeda*, en la vertiente segoviana, localidad donde toma su nacimiento el acueducto de Segovia, con abundantes acebedas bajo dosel de pino albar.

Normalmente es un arbusto grande, pero a veces es un pequeño árbol, con diámetros de tronco de hasta 30 cm. En Guadarrama hay grandes ejemplares por ejemplo en el arroyo Sestil del Maíllo (Canencia), en orientación norte. Prefiere umbrías de media montaña, siendo acompañante de bosques y formaciones dominantes (sobre todo pinar de silvestre y robledal húmedo). Presenta un paralelismo importante en su ecología con el tejo, similar en hábitat.

La mayoría de las acebedas puras (con corros sombríos) importantes quedan fuera del Parque Nacional, salvo en la cabecera del arroyo de la Sauca

(Alameda del Valle), como las de Prádena y Arcones (Segovia), y Robregordo (Madrid). Otras acebedas bajo pinar en Valsaín, Rascafría, Canencia, alto río Moros, etc. No está claro su origen, el factor tradicional humano ha podido tener mucho que ver, ya sea eliminando la competencia o favoreciéndolas como refugio y alimento de ganado (dehesa boyal). Otros lugares con acebos son La Pedriza, parte alta de Navafría (alto Cega), arroyo de la Angostura (alto Lozoya), etc. Conviven con serbales, mostajos, tejos, cerezos morrinos, hiedras y robles albares.

Su bellísima hoja perenne y brillante, aumentada por sus frutos rojos no comestibles atraen a todo el mundo. Presenta un *dimorfismo foliar* acusado, dos tipos de hojas: una espinosa en las zonas bajas expuestas al ganado; y otra no espinosa de borde liso, en las ramas altas e inaccesibles, como la encina. Pese a su belleza, no debe ser recogido, ya que en el pasado ha sido muy castigado para su venta como ramo de adorno navideño. Hoy en día existen alternativas sencillas como los acebos cultivados. El acebo está protegido por ley tanto en Madrid como en Castilla y León.

Ha sido usado tradicionalmente en la Sierra sobre todo por su madera -muy dura, blanca o rojiza- para pequeñas piezas y dinteles o vigas pequeñas. Su corteza se cocía para fabricar pegamento o «liga», para cazar pájaros. Todavia se ven las marcas de esta actividad, ilegal actualmente, aunque caballos y otros herbívoros salvajes muerden su corteza verde (o rascan los cuernos). A veces los animales sesteando en altas concentraciones causan graves daños, llegando a descortezar y matar acebos enteros.

Álamo temblón, chopo temblón, temblón, «alamillo», «álamo», «álamo blanco», «pobo», «tembleque», tiemblo

Populus tremula L.

En Guadarrama algunos autores reconocen la variedad *villosa* (brotes jóvenes pilosos). Denominado alamillo (cancha homónima de Valsaín), pobo (arroyo de la Povedilla, La Pedriza; Bustarviejo), álamo blanco (La Jarosa, Guadarrama), tremolina (La Granja), lámparo (Somosierra), pobo tiemblo (sierra de Ayllón).

Especie eurosiberiana ligada a zonas frías, húmedas y montanas, distribuido desde la península Ibérica e islas británicas hasta Japón, Kamchatka (incluso en el bosque más extenso del mundo, la taiga rusa), y Argelia. En la península Ibérica forma rodales insertos en bosques climácicos, en montañas de la mitad norte y proximidades, siendo raro en el sur.

Alcanza 15-20 m de altura, con tronco recto. Forma características masas clonales desde sierpes de uno o varios árboles. Corteza lisa, gris o verdosa, arrugada, negruzca en la base de ejemplares viejos. Hojas redondeadas o acorazonadas, festoneadas, caducas, con largo pecíolo, agitado ante las brisas más leves, origen del nombre temblón. En otoño adquiere tonos de amarillos a rojizos o purpúreos. Especie dioica, con amentos masculinos y femeninos, los últimos más largos. Semillas diminutas, capsulares con cubierta algodonosa. Foliación entre abril-mayo (a 2000 m en junio), florece por abril, diseminando en mayo-junio.

En la sierra de Guadarrama aparece en rodales salpicados entre bosque, desde La Jarosa hasta Somosierra. Abunda en la cara segoviana, valle del Lozoya y relieves orientales de transición hacia Ayllón, bajo clima más frío y húmedo. Hay poblaciones en fondos de valle: Rascafría, Bustarviejo, La Acebeda-Somosierra, y de montaña: La Jarosa, Fuenfría, Valsaín, Pedriza, Navafría, alto Lozoya, etc.

Especie pionera, de riberas y bosques frescos de influencia atlántica o submediterránea, roquedos húmedos, prados. Tolera la hidromorfía, colonizando zonas turbosas y enraizando en arroyos de montaña, compitiendo en tales medios con abedules, como en puerto de Canencia, Hueco de San Blas o El Paular. Irrumpe en pinares albares y melojares. Puntualmente desciende a fresnedas, como en Soto del Real. Baja a menos de 800 m en Hoyo de Manzanares y Colmenar Viejo, en ambientes insólitos de alcornocales, encinares y jarales.

En Valhondillo y Hueco de San Blas algunos superan los 3 m de perímetro. Han muerto (árbol poco longevo), uno declarado monumental por la Comunidad de Madrid en Puebla de la Sierra, en Ayllón y otro grande en la chorrera de Mojonavalle (Canencia).

Fue utilizado en fiestas tradicionales de los mayos, y plantado en prados de siega para madera por división de mata, originando parte de las tembledas actuales en expansión.

Álamo, álamo blanco y chopo blanco
Populus alba L.

Difiere del anterior sobre todo por sus hojas de envés blanco (abundancia de pelos lanosos), someramente lobuladas (profundamente en brotes fuertes). Árbol eurasiático y norteafricano, frecuente en la Iberia mediterránea caliza. En la sierra de Guadarrama escasea: Santiuste de Pedraza (señalado naturalizado); río Guadalix (San Agustín); rodales al sur de Bustarviejo y Lozoyuela. También en plantaciones ornamentales (zonas urbanas, áreas recreativas, restauraciones ambientales), especialmente la variedad columnar *pyramidalis*, clon hembra de origen asiático. En zonas cercanas de Segovia hibrida con *P. tremula* (*P.* × *canescens* (Aiton) Sm.), que podría alcanzar la Sierra.

Alcornoque
Quercus suber L.

Árbol de la familia de las fagáceas, caracterizado por su corteza: el corcho. Quien no ha visto antes la corteza en bruto no se imagina que de ella se saca la materia prima para fabricar, por ejemplo, tapones de botellas de vino o cava, y paneles de los tablones para pinchar notas y anuncios, pues al exterior es rugosa, gruesa y pardo-grisácea, que no muestra el tono marrón claro cuando está recién cortada o es pulida. El tronco recién descorchado es del tono rojizo de la arcilla, oscureciéndose con el tiempo.

Es un árbol esbelto que llega a 25 m de altura, con copa amplia de tono verde intenso pero más claro que el de la encina. Hojas simples, perennes, anchamente ovaladas, con haz verde lustroso, envés blanquecino y a menudo espinas blandas marginales. Flores masculinas en largos amentos, las femeninas pasan desapercibidas y al ser fecundadas forman bellotas de sabor amargo y con cascabillo de escamas blandas y algo salientes.

En la sierra de Guadarrama indica influencia luso-extremadurense. Aparece de forma natural en exposiciones de solana al resguardo de las heladas severas y en puntos concretos. Se consideran relícticos con respecto a una antigua área más amplia. Se cría sólo en terrenos ácidos y suele estar asociado al madroño, de ecología similar, pero éste tolera también suelos básicos.

Se distribuye por el occidente de la región Mediterránea siendo el alcornocal más extenso del mundo el de la Mamora (Marruecos). Tiene su principal área en el cuadrante suroccidental de la península Ibérica, principalmente en

Portugal, Extremadura y Huelva. Más al interior ocupa las situaciones más térmicas y templadas. En la sierra de Guadarrama es escaso: Pedriza de Manzanares, ascendiendo hasta 1355 m; Cuelgamuros (Valle de los Caídos), umbría de La Jarosa (1 pie), cara sur de la sierra de Hoyo de Manzanares y parque de La Cabilda; cerro de la Cabeza (La Cabrera; alcornocal); Collado Mediano (sierra del Castillo y en torno a asentamiento de la Edad del Cobre, cerro del Jaralón). Fuera del ámbito serrano en Torrelodones, Fresnedillas de la Oliva, Boadilla del Monte, El Pardo (Lomas del Corcho), El Goloso, área recreativa de Valgallego, puerto de Arrebatacapas (Torrelaguna-El Berrueco), Las Rozas de Puerto Real, etc.

Figura en el *Catálogo Regional de Especies Amenazadas de la Comunidad de Madrid*, bajo categoría de interés especial. Se han declarado alcornoques singulares, como los de las Casiruelas y del Bandolero, en La Pedriza. En zonas serranas de Segovia o Ávila no hay alcornoques debido al clima más severo, aunque hay topónimos donde pudieron existir: arroyo del Corcho (Matabuena), El Corcho (Santiuste de Pedraza), o El Corchito (El Espinar); pero en Bustarviejo se denomina así a los manantiales.

Sus principales utilidades son la extracción del corcho y la bellota en montanera, pero en la Sierra, al escasear no se usa apenas, aunque hay uso puntual y particular de corcho posiblemente para decoración navideña. Posiblemente se haya reducido su población al ser cortado para leñas y carboneo.

Arce «ácere», «afre», «cascañetero», «castañoletero», «escuernacabras», «rabiacán»

Acer monspessulanum L. subsp. monspessulanum

Tiene distribución circunmediterránea, desde la península Ibérica y el sur de Francia hasta Turquía, el Cáucaso, Irán e Irak, norte de África e islas mediterráneas. Es el arce más característico de la cuenca mediterránea.

En la península Ibérica es el arce más extendido, especialmente en las orlas exteriores de las montañas submediterráneas, en Prepirineo y sistemas Ibérico, Central, Oretano, Mariánico y Bético, escaseando en el resto. Habitualmente se salpica dentro de otros bosques en sustratos tanto silíceos como calizos.

Es un arbusto o pequeño arbolillo de hasta 10 metros de altura, con copa globosa y densa y corteza grisácea. Hojas trilobuladas (a veces pentalobuladas en juveniles, pudiendo confundirse con *A. campestre*), caducas, que engalanan en otoño con bellos tonos rojizos y rosados los roquedos del Parque Nacional. Flores sobre largos cabillos, amarillentas y hermafroditas. Frutos en disámaras pardas, abiertas en ángulo, con la semilla rojiza en la madurez, frecuentemente vana. Florece entre abril-mayo, y disemina fruto desde finales del verano.

En la sierra de Guadarrama abunda en el piedemonte, desde Robledo de Chavela hasta la Cabrera, siendo más escaso en el alto Lozoya y cara segoviana y rehuyendo las zonas de influencia más atlántica. Trepa por berrocales graníticos y forma pequeños acerales (en pendientes rocosas, a veces con escorrentía, a menudo con fresnos), en las Machotas, La Pedriza, San Pedro o La Cabrera en Madrid y los canchales de Arcones en Segovia. Importantes poblaciones en la rampa en hoces de los ríos Aulencia, Guadarrama, Manzanares y Guadalix.

En la cara sur de la Sierra suele asociarse a melojares y encinares rocosos sobre granito o gneis, como en el bosque de la Herrería, dehesas de El Boalo, Miraflores, y valle del Lozoya (bajo los altos del Hontanar, barrancos de Santa Ana y el Aguilón). En vertiente segoviana en La Losa y Risca de Valdeprados.

Es especie azonal propia de roquedos, laderas pedregosas, setos y torrenteras. Submediterráneo y termófilo, se inserta preferentemente en solanas y en umbrías y lugares con compensación freática en la rampa. No suele superar los 1500 m, en solana de Cuerda Larga llega a 1990 (inmediaciones de pradera de la Nava de Don Tello). Vive sobre calizas en el Guadarrama segoviano, en Soto del Real, Guadalix y San Agustín de Guadalix.

Es muy palatable para la fauna, que limita su expansión natural, muy perjudicada por la expansión descontrolada de la cabra montés. En los últimos años se promueve en repoblaciones, y aumenta su uso ornamental por su bello colorido otoñal.

Hay arces declarados singulares por su porte y significación, en Navala-gamella y junto a la afamada Silla de Felipe II (El Escorial). Grandes arces monopódicos se esconden en roquedos, como en algunos «jardines» de la Pedriza Posterior y cerro de la Camorza. Tales jardines son praderas o espacios estrechos escondidos entre grandes riscos graníticos, que hacen las delicias de los montañeros y que suelen esconder muchas sorpresas, siendo medios abruptos a menudo a salvo del fuego o del carboneo.

Cerezo, cerezo silvestre, «guindo», «morrino», «morrionera»
Prunus avium L.

El cerezo silvestre pertenece al grupo de los *Prunus*, dentro de las rosáceas arbóreas con fruta de hueso. Puede llegar a ser un buen árbol, en el seno de bosques eurosiberianos o atlánticos, en ambiente húmedo y umbrío. En Guadarrama es árbol de montaña acompañante de los bosques más húmedos y fríos, junto con un elenco de especies de similares características ecológicas como serbales, abedules, acebos, tejos, temblones, etc.

Raramente encontramos agrupaciones de cereceda o cerezal en determinados barrancos u hondonadas, como en La Acebeda (Madrid). Hay topónimos alusivos dentro y fuera de la Sierra (sierra de Ayllón: Cerezo de Arriba o Abajo, y el Circo del Cerezuelo en La Pinilla).

El cerezo es fácil de distinguir por su tronco plateado, agrietado de forma horizontal. Sus hojas son simples, doblemente serradas, con dos glandulitas características en la base del limbo (nectarios). La floración se produce antes que la foliación, con abundantísimas flores blancas melíferas y olorosas, que constituyen un espectáculo fugaz entre finales de abril y primeros de mayo en Guadarrama. Las cerezas, muy ácidas, maduran por julio y portan una sola semilla.

Los cerezos frutales cultivados pertenecen a la misma especie lo que hace dudar muchas veces sobre el origen de las poblaciones serranas. Las cerezas cultivadas son más grandes y suelen ser más carnosas y dulces; y prefieren un clima dulcificado de tipo submediterráneo o similar. Casi con seguridad se usaron cerezos silvestres como patrón de injerto, aunque la Sierra no es lugar muy apropiado para su cultivo, hay variedades tradicionales como la *garrafal*, la *adoña*, la *negra* o la *albar*.

La «cosa» se complica al existir también guindos (*P. cerasus*, originarios del sudeste asiático) cultivados en los huertos por el placer de tenerlos y para hacer licor de guindas. Tienen hojas más duras, oscuras y cerezas solitarias, de pecíolo más corto y color rojo brillante y algo traslúcido. Además en los pueblos a veces llaman «guindos» a los cerezos silvestres, en sentido de silvestre o cimarrón.

Las personas mayores de algunos pueblos de la Sierra llaman a los cerezos silvestres *morrinos* y no cerezos, diferenciando estirpes silvestre y cultivada.

Árbol muy interesante en definitiva, a plantar y favorecer por su belleza y valor para la fauna. Hay cerezos silvestres por toda la Sierra, siempre escasos, en El Escorial, valle de la Fuenfría, Valsaín-la Acebeda, Navafría (Cega), y en general en todos los valles húmedos orientados al norte, también rara vez en roquedos y cascajares, hasta La Acebeda, Robregordo y Somosierra.

Tiene muy buena madera, noble, de grano fino y adecuada para pulir, con bellos tonos rojizo-anaranjados. El carpintero de Navafría, Miguel Ángel Moreno, la ha utilizado para hacer mesas.

Está protegido en Madrid (De Interés Especial), pero no en Segovia. Aunque no está tan amenazado como otras especies, es un árbol respetable que enriquece mucho los bosques en su biodiversidad. Bellísimos en otoño y su floración primaveral, nos os perdáis su espectáculo, y haced un seguimiento anual de alguno de ellos (véanse también en frutales cerezo cultivado y guindo).

Cerezo de flor, cerezo de racimo, cerezo aliso, «lilo blanco»
Prunus padus L. subsp. *padus*.

Pequeño cerezo silvestre arbustivo, alguna vez arbolillo (4-5 m). Es especie interesante y rara, no sólo en Guadarrama sino en toda su área de distribución, norteña principalmente. El nombre de *padus* alude a Italia, al río Po, donde supuestamente son más abundantes o fueron descritos.

En el mundo habita en casi toda Europa y Asia occidental, en riberas y suelos húmedos de zonas lluviosas; reaparece muy rara en el norte de África (Atlas Medio). En España falta en Baleares y es dudosa en la mitad sur.

Lo más destacable es su espectacular floración, a lo que se refieren los nombres *cerezo de flor* o *de racimo* (en relación a su antiguo nombre *Prunus racemosa* Lam.). Da racimos terminales de flores blancas muy vistosos, que se convierten cerecitas pequeñas piriformes, negras cuando maduran, muy apreciadas por la avifauna. No está claro si sus cerezas son venenosas, parece que se pueden comer con alguna trasformación. Las flores y los frutos recuerdan mucho al loro (*P. lusitanica*), perennifolio y que no se cría en la Sierra. También recuerdan al *Prunus serotina*, cerezo caducifolio alóctono, invasor, procedente de Norteamérica.

Una característica curiosa es el olor desagradable (que no presenta *P. serotina*) de sus ramillas al ser rascada su corteza, olor que recuerda mucho a rabiacanes (*Frangula alnus*) y torviscos (*Daphne gnidium*), importante a la hora de distinguirlo en invierno cuando no tiene hoja, y posible origen de la denominación «cerezo hediondo» o fétido.

La hoja se parece a la de los cerezos pero menos aserrada, también se puede confundir con la de ciruelos y sauces (especialmente con *Salix caprea*, con el que no convive en Guadarrama). Sus hojas llevan también la típica glándula de la base del limbo de los *Prunus*, para distinguirlo de los sauces.

Está protegido sólo en la vertiente madrileña (también debería estarlo en Segovia). Es relativamente abundante en un pequeño tramo del alto Valle de Lozoya, entre La Alameda y El Paular y poco más arriba, en saucedas de montaña, setos o linderos del borde de prados y arroyos tributarios, con algunos ejemplares de tronco grueso. Allí algunas personas mayores le llaman «lilo blanco».

Le gusta vivir también en canchales o pedreras, como en el Cancho de los Alamillos en plan arbustivo y reptante. Fuera de estas zonas algún ejemplar puede aparecer disperso en arroyos de montaña, como en Cercedilla. En Valsaín hay citas que no es seguro que sean silvestres, al haberse plantado en los Jardines de La Granja y en el pueblo homónimo.

Su insólita floración se produce en mayo-junio, tras brotar las hojas, con grandes racimos blancos, lo que le da gran valor ornamental, apenas considerado en nuestro país, pero que en Europa tiene diversos cultivares. Presenta bellos tonos otoñales.

Este cerecillo resulta muy afectado a veces por plagas de orugas de mariposas, que también atacan a otros *Prunus*, como la tejedora *Argyresthia pruniella* con sus telarañas características, e *Yponomeuta evonimela*, parásita del cerezo aliso.

Ciruelo silvestre, ciruelo negro, «ciruelo bordizo»
Prunus insititia L. [= *P. domestica* subsp. *insititia* (L.) Bonnier & Layens]

Arbolillo de la familia de las rosáceas difícil de distinguir en campo, sobre todo si hay cultivos o huertos cerca. En ocasiones se híbrida con otros congéneres y aparecen individuos intermedios que suelen ser fértiles [*P. domestica × P. insititia, P. insititia × P. spinosa (P. × fruticans* Weihe)]. Otras veces se confunde con ciruelos comunes (*P. domestica* L.), y endrinos (*P. spinosa* L.). Las características que definen a *P. insititia* son:

Porte: arbusto muy ramoso o arbolito, de ramillas grisáceas, aterciopeladas, inerme o poco espinoso, de hasta 6 m de alto. Frecuentemente emite chupones.

Hojas: caducas, simples, alternas, elípticas u obovadas, pelosillas en los nervios, finamente serradas, de 3-6 cm de largo, o algo mayores. Rabillo peloso y de 5-15 mm.

Fruto maduro: ciruela de color verde o violeta, liso y brillante o cubierto de una capa que parece polvillo (pruina), con sabor áspero (entre ácido y amargo), de 20-30 mm de diámetro o más. Previamente tiene flores blanquecinas, en primavera, antes que la foliación.

En orlas arbustivas de robledales y encinares, bordes de caminos, taludes, vaguadas, barrancos, valles y zonas frescas, umbrosas o en claros de bosque, a menudo cercano a cursos de agua o manantiales, entre 500 y 1500 m de altitud. Es indiferente al tipo de sustrato.

Originario del centro y sur de Europa, norte de África y suroeste de Asia. Falta en Baleares y en la península Ibérica se halla muy dispersa, más abundante en su mitad septentrional, principalmente en el noreste. En la sierra de Guadarrama disperso o formando rodales. Es común en el valle del Paular, y hay citas en el valle de la Fuenfría en Cercedilla, Bustarviejo y Valdemanco. En La Pedriza, cerca del alcornoque del Bandolero (unos 200 ejemplares). En la vertiente segoviana su identidad es dudosa.

La especie tipo sería *Prunus insititia* var. *insititia*, considerada originaria de los ciruelos cultivados de frutos azulados. Otras variedades agrícolas conocidas en la Sierra son: *italica* (ciruelo claudio), *juliana* (teta de vaca), *syriaca* (Borhn) Kochn (mirabel), etc.

Su principal uso es como patrón de injerto. En zonas como Bustarviejo, hay ciruelos silvestres subespontáneos por reproducción vegetativa en huertas, cultivos y setos, posiblemente usados para ello. *Insititius* significa injertado, de donde deriva el epiteto *insititia*, pero al menos actualmente no parecen hacerse injertos de ciruelo en la Sierra. También llamado ciruelo endriniego, endrino grande, endrino mayor, endrino macho, ciruelo mayor, ciruelo de Damasco, ciruelo damasceno (véanse también ciruelos cultivados en frutales).

Las ciruelas inmaduras son astringentes y si están muy maduras laxantes. Con ellas se elaboran mermeladas y licores semejantes al pacharán, que se hace con endrinos, usando anís de baja graduación alcohólica y desechando las picadas por insectos, amargas. Se lavan y se pueden congelar previamente para que al macerarlas en el anisado difundan mejor sus esencias de color y sabor. Se pueden aromatizar con granos de café, canela en rama, cáscara de limón. Tras varios meses conviene filtrar y extraer los frutos para no amargar el licor (la semilla contiene amigdalina, precursor del ácido cianhídrico o cianuro).

Enebro, nebro, sabina, sabina albar, «chaparra»
Juniperus thurifera L.

Centra su distribución mundial en la mitad este de la península Ibérica y norte de África (Marruecos y Argelia), alcanzando Pirineo Francés y Alpes, donde parece relicta, y se ha mencionado de Córcega. Es uno de nuestros árboles más emblemáticos, formando bosques abiertos en los que no suele registrarse tangencia de copas. Caracteriza climas muy continentales de suelos a menudo esqueléticos, con grandes oscilaciones térmicas y doble período de estrés por aridez y bajas temperaturas. La mejoría climática del Holoceno, y el calentamiento global reciente hacen pensar en su regresión, pero también podría verse favorecido por la sequía. Sabina albar es una denominación más general para el árbol.

En la península Ibérica las parameras de la mitad oriental de ambas Castillas y Teruel aglutinan el grueso de su distribución mundial, siendo escasa en la mitad oeste peninsular, de clima más húmedo y moderado. Aunque es indiferente edáfico, los suelos calizos son más secos, coincidiendo en este caso con climas contrastados.

En el sistema Central aparece fundamentalmente en Guadarrama-Ayllón, llegando hasta Tamajón (Guadalajara). En la sierra de Guadarrama es frecuente en el piedemonte calizo segoviano, con extensos nebrales en Siguero, Casla, Arcones, Prádena, Vera de la Sierra, etc. En Madrid sobre gneises y granitos –en Segovia también puntualmente-, hay pies aislados y grupos en multitud de sectores: La Almenara (Robledo de Chavela), pinar de los Belgas (Rascafría), Gascones-Braojos, La Pedriza, sierra de Hoyo, etc., y pequeños sabinares en Becerril (en Parque Nacional), cerro de la Cruz (Lozoya) y Canencia. Prefieren laderas pendientes y rocosas entre 1000-1400 m (1600 en la solana de los Reajos, Lozoya). Aparecen en el ecotono entre encinares y melojares, donde pueden defenderse del avance de las frondosas y también de cortas y fuegos que las hacen desaparecer al tener dificultades para rebrotar.

Es árbol perennifolio de mediano porte, alcanzando de 2-10 m en la Sierra. La copa es muy variable en función de los avatares sufridos. La corteza parda y agrietada se desprende en tiras. Hojas imbricadas, aciculares de jóvenes. Especie dioica, los ejemplares machos con conos masculinos oblongos. Las hembras producen arcéstidas azuladas en la madurez, con varias semillas. Florece en pleno invierno, fructificando los frutos a lo largo de varios años y madurando en diciembre-enero.

Una sabina en el Chaparral (Lozoya), ha sido declarada singular por la Comunidad de Madrid. En la segoviana está protegida la de Siguero, allí llamada Enebro. Existen muchas sabinas enormes ocultas en serrajones, con viejos pies de más de 3 metros de perímetro: Sigueruelo, Prádena, Arcones, Casla,

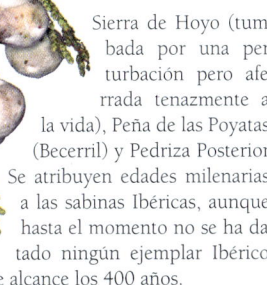

Sierra de Hoyo (tumbada por una perturbación pero aferrada tenazmente a la vida), Peña de las Poyatas (Becerril) y Pedriza Posterior. Se atribuyen edades milenarias a las sabinas Ibéricas, aunque hasta el momento no se ha datado ningún ejemplar Ibérico que alcance los 400 años.

Su madera casi imputrescible y aromática ha sido siempre muy apreciada, para postes, construcciones, etc., especialmente en los pueblos de «Traslasierra» segoviana, donde quedan carpinteros tradicionales.

Fresno, fresno del norte, fresno de hoja ancha
Fraxinus excelsior L. subsp. *excelsior*

Árbol caducifolio eurosiberiano, distribuido por casi toda Europa y oeste de Asia, sustituido hacia el sur por *F. angustifolia*. En la península Ibérica común en el tercio norte, entre el nivel del mar y 1800 m. A veces se le llama fresno del norte, de folíolos anchos, o de hoja ancha, que parecen nombres vulgares inventados por contraposición a *F. angustifolia*.

Puede alcanzar hasta 45 m, con corteza grisácea o pardo grisácea, lisa primero, agrietada o resquebrajada en ejemplares añosos. Hojas con 7-15 folíolos aserrados, con envés peloso. Flores parduscas, sin pétalos ni sépalos. Frutos tipo sámara, en forma de remo o lengüeta colgante, con ala terminal. Yemas hibernantes negruzcas, carácter clave para distinguirlo de *F. angustifolia* y ejemplares intermedios entre ambos, que las tienen marrones. Florece antes de la foliación, entre abril y mayo. Fructifica desde septiembre y a lo largo del otoño. Prefiere suelos profundos y frescos, sobre todo ricos en bases, con su óptimo en bosques mixtos caducifolios mesoeútrofos eurosiberianos, formando prebosques, o bien fresnedas potenciales en fondos de valle algo hidromorfos, y riberas muy frías o demasiado angostas para el aliso.

En la sierra de Guadarrama es muy raro. En la vertiente madrileña hay tres núcleos, de los cuáles el primero tiene más posibilidades de ser natural, en la solana del puerto de los Neveros (alto valle del Paular), en torno a una pista que cruza el arroyo Hoyoclaveles, entre 1550-1700 m, sobre todo aguas abajo de la pista (decenas de ejemplares, quizás más de 100 fresnos de diversas edades), en abedulares ligados al arroyo, entre pinar maduro. Al suroeste, en el arroyo Brezal, también un ejemplar. Los otros núcleos podrían proceder de plantaciones, en la umbría del Puerto de Canencia (en hábitat muy similar), y sobre todo la del arroyo de la Trocha de la Cigüeñuela (Braojos).

En la vertiente segoviana encontrado en la vertical sobre La Mata, Navafría y Arcones; más frecuente en la vecina sierra de Ayllón (formando una fresneda mixta silicícola en Becerril). También plantado como ornamental, por ejemplo cerca del Campo de Polo de La Granja (Segovia).

Fraxinus excelsior está protegido en Madrid (Decreto 22 de 1-3-1985, «de interés especial» en Decreto18/92, B.O.C.M. de 9.IV.1992).

El **fresno de flor** (*Fraxinus ornus* L.), es un árbol caducifolio del sur de Europa y Turquía. Tiene hojas compuestas por entre 5-9 folíolos, más grandes que las de otros fresnos, y llamativas flores blancas. En la península Ibérica es autóctono en algunas sierras de Levante (Alicante, Valencia, Albacete y quizá Cuenca), mientras que el resto de poblaciones ibéricas probablemente son naturalizadas. En la sierra de Hoyo de Manzanares se encontraron tres pies jóvenes, de 1'5-2 y 5-6 m, en roquedo granítico, entre 1050-1200 m, en orientaciones sur y oeste, próximos a pequeños bosquetes mixtos caducifolios y perennifolios ligados a cantiles graníticos (Canto Hastial). A primera vista no se han hallado pies cultivados en urbanizaciones próximas, la más cercana, Fontenebro, estando uno de los fresnos en un desnivel de 150 m más arriba.

Haya

Fagus sylvatica L.

Ha desaparecido prácticamente en la sierra de Guadarrama, aunque existió con cierta abundancia en el pasado y hay zonas de gran potencial para su recuperación.

Árbol de porte majestuoso y esbelto, crecimiento rápido, y que llega a alcanzar 40 m. Corteza lisa y gris, con ramas casi horizontales, generando mucha sombra bajo su copa por su follaje denso y abundante. Hojas caducas, alternas, elípticas, de margen entero con pelillos al inicio, algo onduladas y con nervios muy destacados. Flores colgantes, amarillentas e insignificantes, originando los frutos (hayucos), de característica cubierta leñosa con espinas blandas y 2-3 semillas de sección triangular.

Crece en suelos ácidos –como en el sistema Central- o básicos, pero frescos y profundos, con humedad ambiental elevada. Los árboles adultos generan sombra densa que dificulta el crecimiento de otras plantas. Los restos leñosos y de hojas en descomposición inhiben la germinación de otros árboles, por lo que suelen formar bosques monoespecíficos. Muchas plantas aprovechan los claros y orlas del bosque, florecen o cierran su ciclo vegetativo antes de que las

hojas de las hayas estén totalmente desarrolladas. Especies como tejos y acebos, soportan cierto grado de sombra del hayedo.

Se distribuye por el centro y oeste de Europa; en la península Ibérica en Pirineos, cordilleras Cantábrica Ibérica y Central, y puertos de Beceite (Tarragona), estando hacia el sur su distribución fragmentada y condicionada por el clima. Forma hayedos en la sierra de Ayllón: El Chaparral (Montejo de la Sierra, Madrid), La Pedrosa (puerto de la Quesera), y el reducto de tejos de Becerril (Segovia), y Tejera Negra (Guadalajara). Pero en la sierra de Guadarrama es rara, aunque es un potencial refugio eurosiberiano, constituyendo su presencia un indicador microclimático asociado a arroyos y zonas umbrosas de abundantes nieblas y protegidas de la sequedad estival. En la vertiente madrileña sólo se ha localizado en el arroyo Buitraguillo (Gascones), y en un barranco de La Serna del Monte (Braojos). Hay citas antiguas de Somosierra, el Paular, Cercedilla (Casiano del Prado, 1864), y valle del Paular (Cutanda, 1861), documentos medievales que indican «haedo» entre Canencia y Bustarviejo, y registros polínicos que confirman su presencia reciente, junto con topónimos como *El Vallejo de las Hayas* (Arcones), o *El Haya* y *La Vuelta de Haya* (Navafría).

En la umbrosa senda del Trampalón (San Lorenzo de El Escorial), una repoblación de mitad del siglo XIX tiene regeneración natural, dando sensación de hayedo natural en días de niebla. En la vertiente segoviana en Navafría hay hayas bajo pinar de origen incierto, y hay citas del alto Cega. Como ornamentales destacan el haya monumental del Parterre de la Alameda (La Granja de San Ildefonso) y las de sus jardines.

En el pasado debió explotarse su madera, fácil de tallar, tornear, pulir y apenas tiene entrenudos. También, como bellotas y castañas, los hayucos pudieron servir para consumo del ganado y la población.

El principal uso, leña y carboneo, fue intensivo y esquilmó los hayedos guadarrámicos.

El haya está en el catálogo de flora protegida de la Comunidad de Madrid.

Madroño, madroñera
Arbutus unedo L.

Componente importante del rico matorral mediterráneo, formando puntualmente madroñales. Vive en el sur de Europa, norte de África, y de origen algo dudoso en el noroeste de Irlanda. En la península Ibérica disperso por todo el territorio, abundando especialmente en el suroeste, de clima mediterráneo cálido y húmedo, relacionado con encinares, alcornocales y robledales, en sustratos silíceos y a veces calizos. En la Sierra madroño más bien se llama al fruto, denominándose madroñeras a las matas.

Es un arbusto o arbolillo de que generalmente no alcanza los 5 metros. En el Parque Nacional aparece mayoritariamente como matas achaparradas y apretadas, rupícolas. Su corteza es agrietada, formada por tiras que se desprenden fácilmente. Sus hojas son perennes y lanceoladas, con pequeños dientes, de color verde intenso, con pecíolo rojizo. Flores en ramillos péndulos, semejando urnas de pequeño tamaño, con tonos blanquecinos, rosados o incluso rojizos. Su fruto es una baya granulosa y globosa, rojiza al madurar, con semillas pardas en la madurez, aovadas. Es muy consumido por los visitantes del Parque Nacional, como en la garganta Camorza. Tiene cierto contenido alcohólico que sirve para hacer el «aguardiente de los forestales» y otros licores. Es característica en madroños de La Pedriza la presencia de un gran lignotúber, engrosamiento basal para acumular reservas y fijarse eficazmente a los roquedos. Su floración y fructificación otoñal coinciden, y aumentan su belleza otoñal.

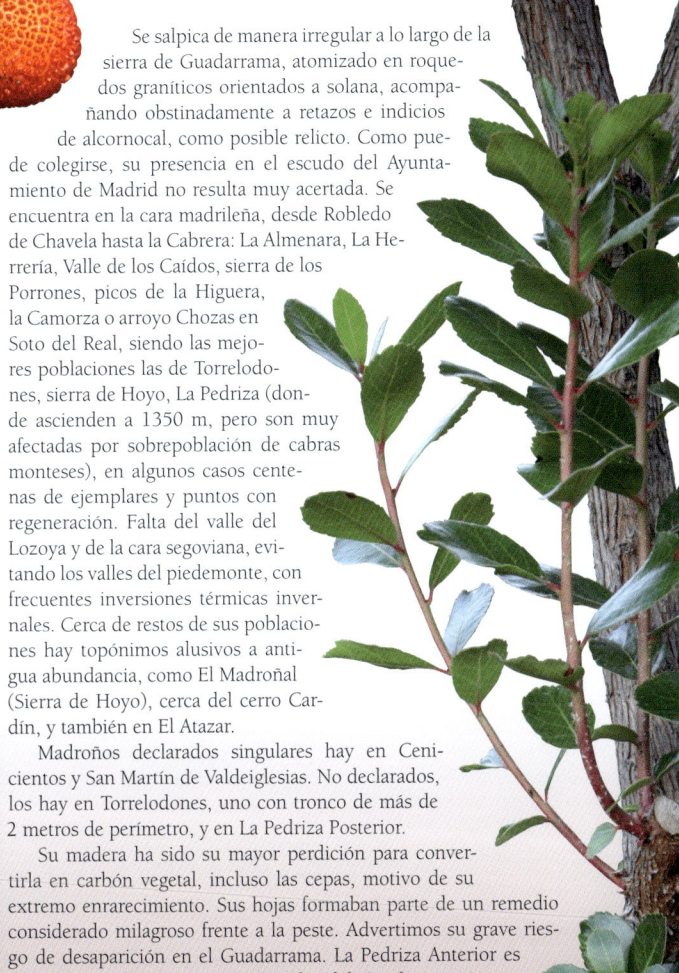

Se salpica de manera irregular a lo largo de la sierra de Guadarrama, atomizado en roquedos graníticos orientados a solana, acompañando obstinadamente a retazos e indicios de alcornocal, como posible relicto. Como puede colegirse, su presencia en el escudo del Ayuntamiento de Madrid no resulta muy acertada. Se encuentra en la cara madrileña, desde Robledo de Chavela hasta La Cabrera: La Almenara, La Herrería, Valle de los Caídos, sierra de los Porrones, picos de la Higuera, la Camorza o arroyo Chozas en Soto del Real, siendo las mejores poblaciones las de Torrelodones, sierra de Hoyo, La Pedriza (donde ascienden a 1350 m, pero son muy afectadas por sobrepoblación de cabras monteses), en algunos casos centenas de ejemplares y puntos con regeneración. Falta del valle del Lozoya y de la cara segoviana, evitando los valles del piedemonte, con frecuentes inversiones térmicas invernales. Cerca de restos de sus poblaciones hay topónimos alusivos a antigua abundancia, como El Madroñal (Sierra de Hoyo), cerca del cerro Cardín, y también en El Atazar.

Madroños declarados singulares hay en Cenicientos y San Martín de Valdeiglesias. No declarados, los hay en Torrelodones, uno con tronco de más de 2 metros de perímetro, y en La Pedriza Posterior.

Su madera ha sido su mayor perdición para convertirla en carbón vegetal, incluso las cepas, motivo de su extremo enrarecimiento. Sus hojas formaban parte de un remedio considerado milagroso frente a la peste. Advertimos su grave riesgo de desaparición en el Guadarrama. La Pedriza Anterior es el único punto del parque nacional y del Guadarrama junto a Robledo de Chavela donde hemos visto *Charaxes jasius*, la amenazada mariposa del madroño.

Manzano silvestre, maíllo, «maguillo», «maello», «mailo»
Malus sylvestris (L.) Mill.

Arbolillo de gran parte de Europa y Asia suroccidental, algo frecuente en la mitad N de la península Ibérica, en el sur restringido a las montañas en la sierra de Cazorla y Sierra Nevada. Conocido generalmente como manzano silvestre.

De hasta 10 m, de copa redondeada en ejemplares maduros, con ramillos a veces espinescentes, más finos que en los manzanos, glabros y lustrosos salvo al brotar que son un poco pelosos. Caducifolio, con hojas alternas, entre ovadas y elípticas, de 2-7 × 1-4 cm, de margen aserrado, lustrosas, lampiñas en la madurez (al principio de brotar suelen tener pelillos en el envés). Flores en ramilletes, de pétalos blancos (rosados en el capullo), anteras amarillas, dan lugar a manzanitas esféricas, las maíllas, de hasta 4 cm de diámetro, amarillas o rojizas, de sabor muy ácido, acerbo. Florece en mayo y maduran los frutos en setiembre-octubre, que a veces persisten cuando se han caído las hojas.

Vive en bosques (pinares de silvestre, robledales, fresnedas y otros caducifolios), espinales y setos de zonas frescas, frecuentemente con humedad edáfica (riberas, vaguadas) en altitudes medias, de 1000 a unos 1600 m de altitud. También aparece en antiguos huertos al secarse los manzanos y rebrotar la cepa donde habían sido injertados.

Especie poco abundante pero ampliamente distribuida por la sierra de Guadarrama. En Madrid relativamente frecuente en los setos del valle de El Paular. También se da en Cercedilla, Canencia, Bustarviejo, cuenca alta del Lozoya (arroyo de Hoyoclaveles), Villavieja del Lozoya, Oteruelo del Valle, bosque de La Herrería y Fuente de la Reina (El Escorial), Pedriza del Manzanares, La Acebeda, Robregordo, Somosierra etc. Hay también toponimia, como el arroyo del Sestil del Maíllo, en la umbría del puerto de Canencia. En la vertiente segoviana se conoce de El Espinar, Valsaín, La Granja, Navafría, cabecera del río Viejo, etc.

Usados como patrón para injertar las variedades cultivadas de manzano, trasplantando pequeños ejemplares silvestres, lo que puede ser la causa de su escasez. Las maíllas son incomestibles en crudo salvo que se dejen sobremadurar, típicamente tras las primeras escarchas o almacenadas tradicionalmente en las cámaras o trojes; recientemente se usan para hacer licor de maíllas.

Especie declarada de Interés Especial en la Comunidad de Madrid (Decreto 18/1992). Está declarado singular el Maíllo de Las Tollas, de Garganta de los Montes, por orden 68/2015.

Los manzanos cultivados se diferencian, además de por los frutos, por la mayor pilosidad en todas sus partes (ramillas del año, yemas, envés, pedicelos, etc.). A veces se ven maíllos algo más pelosos de lo normal y frutos más grandes que pudieran ser fruto de hibridación con el manzano (*Malus domestica*).

Mostajo, «mostajera», «cornejo», «mostazo», «amostazo»
Sorbus aria L. , *Aria edulis* (Willd.) M. Roem.

Especie de distribución europea, principalmente a lo largo del centro y oeste del continente, con presencia en el norte de África y en la Macaronesia.

En la península Ibérica es una especie asociada a las montañas en el centro y este peninsular, apareciendo prácticamente en todas las grandes sierras, y siendo más frecuente en los húmedos territorios de la cornisa Cantábrica y los Pirineos.

En la sierra de Guadarrama es una especie escasa pero de presencia regular, ligada especialmente a roquedos, riberas y claros de otros bosques como pinares, melojares, abedulares o acebedas. Su presencia ha sido a veces sobrestimada por la confusión con especies híbridas, que tienen uno de sus «padres» en el mostajo. Salvo en un pequeño remedo de bosquete en Mataelpino, esta especie no forma bosques puros sino que se comporta como acompañante de otras formaciones.

Podemos ver mostajos sobre granitos y gneises desde las montañas del Escorial o el risco de la Brulera en el Valle de los Caídos, hasta el valle del Lozoya y la sierra de la Cabrera en la transición hacia Somosierra-Ayllón, donde aparece con mayor profusión. Curiosamente es más escaso en la cara segoviana, aunque haya mostajos en diversos puntos como los pinares de San Rafael, Valle del río Moros (Umbría de la Vaqueriza, Peñota), Valsaín o Navafría. Resulta especialmente frecuente en la solana de Siete Picos, pico Jarator, con una formación muy joven pero muy densa, o la Pedriza del Manzanares. En estas dos últimas zonas la especie compite con su híbrido *Sorbus intermedia* que avanza inexorablemente y monopoliza los parajes próximos. Gusta de laderas frescas y de la compensación freática de los arroyos, salpicándose con frecuencia en bosques de ribera como el del arroyo Buitraguillo de Villavieja de Lozoya. Se encarama con facilidad a los roquedos como en Cabeza Arcón en Bustarviejo o el arroyo Telégrafo en Valsaín. La influencia atlántica puede provocar su generalización como puede observarse en las inmediaciones del puerto de Somosierra. En altitud aparece desde los 1000 metros de la Garganta Camorza en la Pedriza Anterior, inusualmente entre jarales de pringosa, hasta los 1900 en las impresionantes canales graníticas de Cercedilla.

El mostajo es un arbolillo que a lo sumo alcanza 10-15 metros en el Guadarrama, y que en algunos lugares presenta varios troncos por haber sido carboneado como puede verse en la Pedriza. Hojas muy grandes y características, obovadas, de envés característicamente blanquecino. Sus grandes yemas primaverales también destacan por este color. Grandes inflorescencias durante la primavera. Los frutos son rojizos y comestibles.

Grandes mostajos procedentes de rebrote, de gran altura, pueden observarse en el Valle de la Fuenfría, destacando por su perímetro de tronco los del «Laberinto» de la Pedriza.

Aunque su madera es apreciada en tornería y sus frutos son comestibles para las personas y de gran interés para la fauna, en el Guadarrama el principal destino de los mostajos ha sido el carboneo, que ha provocado su rarefacción como se ha indicado de ciertos puntos como el alto Guadarrama.

Otros mostajos (4 especies)

Sorbus intermedia (Ehrh) Pers. [= S. mougeotii Soy.-Will.]

Sorbus latifolia (Lam) Pers. [=Karpatiosorbus latifolia (Lam.)
Sennikov & Kurtto]

Sorbus torminalis (L.) Crantz. [Torminalis glaberrima (Gand.)
Sennikov & Kurtto]

Sorbus hybrida L. [=Hedlundia hybrida (L.) Sennikov & Kurtto]

Especies denominadas genéricamente «mostajos», y en el Guadarrama a menudo «cornejos», nombre que suele darse también a *Cornus sanguinea*. Fuera del Guadarrama son conocidos por nombres como mostajo de hoja lobulada, *Sorbus intermedia*; mostajo negral, mostajo de hoja recortada, «perosillo o peritas del Niño Jesús» *Sorbus latifolia*; mostajo silvestre, mostazo, capudio o sorbo, *Sorbus torminalis*; mostajo bastardo, *Sorbus hybrida*.

Viven en el centro y sur del continente europeo y Asia Menor hasta el Cáucaso. Las especies de origen híbrido *Sorbus hybrida, S. intermedia* y *S. latifolia* tienen reproducción autónoma de sus parentales, habiendo poblaciones donde estos no aparecen. *Sorbus torminalis* alcanza el norte de África, es una especie «de pura cepa», no hibridada. Los mostajos se salpican en el seno de otras formaciones forestales, y suelen darles quebraderos de cabeza a los botánicos, dada su facilidad para generar híbridos fértiles como nuevas especies claramente diferenciadas, como se aprecia bien en Guadarrama. *Sorbus intermedia* y *S. hybrida* son considerados híbridos estables de *S. aria* y *S. aucuparia*, y *S.latifolia* de *S. torminalis* y de nuevo *S. aria*, que parece «muy aficionado» a la hibridación. En la península Ibérica habitan en relieves montañosos, preferentemente del centro-norte peninsular. El sorbo parece más frecuente, no dependiendo de sus parentales para originar poblaciones, alcanzando el sur

Sorbus intermedia

Sorbus latifolia

peninsular. Recientemente el género *Sorbus* se ha dividido, seguramente en exceso, como indican los géneros señalados en las sinonimias, quedando en *Sorbus* solo *S. aucuparia* de las especies ibéricas.

Los mostajos son árboles medianos, que no suelen superar los 15 m de altura, con corteza grisácea con muchas lenticelas. Tienen hojas grandes y vistosas, ovaladas con lóbulos redondeados en el caso de *Sorbus intermedia* y con lóbulos triangulares en *S. torminalis* y *S. latifolia*, menos profundos en este último. En *S. hybrida* son más profundamente pinnatífidas que en *S. intermedia*, siendo el único que presenta de 1-5 pares de lóbulos basales libres o casi. Las especies híbridas muestran envés y grandes yemas primaverales blanquecinas, por influjo de *S. aria*. Flores en corimbos blanquecinos en la floración, a fines de primavera. Frutos apetecidos por aves, pomos rojizos en *S. hybrida* y *S. intermedia*, anaranjados en *S. latifolia* y pardos en *S. torminalis*. Fructifican desde finales de agosto hasta noviembre, y están muy ricos cuando maduran.

Son acompañantes de robledales, otros bosques caducifolios, y pinares, sin formar masas puras, siendo propios de claros y zonas húmedas. *Sorbus intermedia* es más frecuente en zonas de influencia atlántica, en Guadarrama en roquedos frescos, riberas y pinares de silvestre repoblados en cotas medias y altas (1200-1800), aunque desciende por los ríos por debajo de los 1000 metros por hidrocoria, formando incipientes bosques mixtos en los Chorros del Manzanares o en el valle de la Gargantilla (Mataelpino). *S. hybrida* muéstrase sumamente raro, habiéndose encontrado en Guadarrama solo un arbusto en roquedo de La Cuerda de la Vaqueriza (Miraflores; ya en Ayllón detectados

Sorbus torminalis

dos arbolillos en Montejo y Becerril). *Sorbus latifolia* y *S. torminalis* son más termófilos, por ello este último queda recluido en Madrid al extremo oriental de la Sierra, más cálido y húmedo, alternando con bosques caducifolios mixtos ahuecados y bien conservados con añosos robles albares, melojos, arces de Montpellier, fresnos y buenas alisedas. *S. latifolia* es frecuente en melojares como el de Los Horcajuelos (Rascafría) y pinares de silvestre en Valsaín (Segovia), preferentemente en laderas más bajas por debajo de 1600 m. En Rascafría también abundante y en orla exterior de los abedulares.

En la sierra de Guadarrama *Sorbus intermedia* mantiene una pujante población mayor de 900 ejemplares en el alto Manzanares-valle de la Barranca-Maliciosa-embalse de Santillana, con una cita en la dehesa de Somosierra. Es tan efectiva su dispersión que supera en efectivos poblacionales a sus parentales. La confusión generalizada con *S. aria* enmascara su abundancia local. *S. latifolia* aparece misteriosamente atomizado en laderas sobre la Granja (donde se especula acerca de su posible introducción antigua) y Rascafría, donde cabe pensar en un origen natural o artificial, además de la subida a la Morcuera (y con identidad dudosa en Bustarviejo), quizás en rápida expansión apoyada por ornitocoria. *S. torminalis* es más escaso, sin haberse encontrado en el Guadarrama (salvo pies cultivados en La Granja), siendo raro en sus inmediaciones en Puebla de la Sierra (dehesa boyal y arroyo del Portillo), citas en el Atazar, y en los sorprendentemente valiosos cañones del río Cega, fuera de la Sierra.

Sorbus hybrida

Grandes ejemplares de *Sorbus intermedia* con troncos mayores de 2 m de perímetro pueden observarse en las laderas de los Asientos (Mataelpino), o en la cabecera del Manzanares sobre Los Chorros. Enormes *Sorbus latifolia* comparten espacio en cierto arroyuelo con los melojos de Horcajuelos (Rascafría), y muestran grandes portes junto a los jardines de la Granja. De *Sorbus torminalis* y *S. hybrida* no conoce-mos pies singulares, pero su escasez convierte en singular cualquier ejemplar.

Sorbus hybrida

La apetencia de la fauna hacia sus frutos los convierte en interesantes en reforestaciones, usando siempre la variedad adecuada. Durante años se ha venido plantando *Sorbus latifolia* en la cara sur de la sierra madrileña fuera del valle del Lozoya, pero el mostajo mayoritariamente presente es *S. intermedia*. En Rascafría llaman Perillos o peritas del Niño Jesús a los frutos de *S. latifolia* de madera muy apreciada en el pasado, fácil de trabajar y de buena calidad, razón por la que quizás sea tan escaso.

Olmo de montaña, olmo, «alamillo»
Ulmus glabra Hudson. [= *U. montana* With]

Fuera del Guadarrama son comunes los nombres olmo de montaña, álamo y llamera en el norte. Especie de distribución euroasiática, propia de clima atlántico, con sus principales feudos en Centroeuropa. En la península Ibérica centra su distribución en el tercio norte, circunscribiéndose en la mitad sur a algunas montañas.

Posee copa densa, abierta y alargada, con ramas perpendiculares. En el Guadarrama no suele pasar de 10 m. Corteza pardo-grisácea, resquebrajada. Hojas grandes (10-15 cm), asimétricas, aserradas, largamente ovoides y puntiagudas, en algunos casos mostrando tres ápices muy desarrollados (trífidas). Flores en pequeños glomérulos redondeados rojizos, sentados sobre las ramas. Los frutos son sámaras fotosintéticamente activas, redondeadas, verdosas y parduzcas al madurar, con la semilla central. Hay mucho porcentaje de semilla vana, aunque en años excepcionales como 2014 hubo mucha semilla viable. Florece a finales del invierno o principios de la primavera. Los frutos, maduros en abril en las localidades bajas de Gredos (Valle de Iruelas), son diseminados a mediados-finales de mayo en el Guadarrama.

Especie atlántica subripícola, ligada a bosques mixtos, riberas y roquedos húmedos. Suele presentarse aislada, en mezcla íntima con otras especies caducifolias. En la sierra de Guadarrama el carácter continental del clima le arrincona en barrancos húmedos de zonas altas, sobre granitos o gneises, habitualmente entre 1400-1600 m, en la franja más húmeda. Asociado a roquedos frescos y bosques mixtos como en una garganta rocosa de la Morcuera (decenas de ejemplares), o pinares de silvestre, melojares, o incluso tejedas como la de la Umbría de la Navazuela en la Fuenfría (Cercedilla). Pies dispersos persisten en Hueco de San Blas (La Pedriza), Bustarviejo, subida al puerto de Malagosto (Rascafría), y en la vertiente de los Carpetanos segovianos en Navafría, Arcones y Santo Tomé del Puerto.

Sus efectivos están siendo muy afectados por el azote de los olmos, la grafiosis (*Ophiostima novo-ulmi*), que desde hace décadas extermina al olmo común (*Ulmus minor*). Los ejemplares atacados tienen ramas secas y curvadas, en un triste «rictus» final. Esta amenaza pesa sobre los pocos olmos supervivientes como ha ocurrido en Santa Ana, Bustarviejo, Alameda del valle o la transición del Guadarrama segoviano- sierra de Ayllón (pico Tres Provincias). Tan solo las poblaciones de Navafría y Hueco de San Blas están integradas por más de un ejemplar, con presencia de regenerado y sin incidencia de la enfermedad. Árbol raro y en riesgo de desaparición, como mucho debe haber 100 ejemplares, alarmándonos el futuro de la especie en el Parque Nacional y en estas montañas.

Ningún ejemplar ha sido declarado singular en la Sierra, aunque el mayor olmo de montaña del Guadarrama y uno de los mayores del sistema Central ibérico está en la garganta de Santa Ana (Alameda del Valle).

Su madera fue utilizada para construcción naval o para mobiliario, aunque los pocos que sobreviven actualmente en el Guadarrama sirven de alimento para herbívoros silvestres, motivo por el que se ha vallado el rodal del Hueco de San Blas en el Parque Nacional.

Pino laricio, pino negral, pino cascalbo, pino salgareño, pudio, «pino ampudio»

Pinus nigra Arnold subsp. *salzmannii* (Dunal) Franco [= *P. salzmannii* Dunal; *P. clusiana* Clemente; *P. laricio* auct., sensu Willk.]

La estirpe *Pinus nigra* comprende pinos de montaña de areal circunmediterráneo, cuya raza más occidental es la *salzmannii*, de las montañas del sur de Francia y mitad oriental de España, sobre todo en los sistemas Bético, ibérico meridional y Pirineo central (extintos en la cordillera Cantábrica). Es más conocido como pino laricio, salgareño, cascalbo o negral.

Árbol de hasta 50 m, con copa generalmente piramidal u ojival, tronco derecho y corteza blanquecino-plateada con grietas negras. Hojas en fascículos de dos acículas, verde claro, algo rígidas y poco punzantes, de 6-16 cm de longitud y hasta 1,5 mm de ancho. Las flores femeninas originan las piñas, con piñones comestibles. Florece entre marzo y mayo y las piñas tardan dos años en madurar (otoño), y diseminan los piñones en la primavera siguiente.

Las poblaciones ibéricas suelen vivir en sustrato margoso-calizo, pero los pequeños rodales de la cuenca media del Cega (Segovia) y sierras del sistema Central viven en sustrato silíceo. En Gredos oriental evidencian un antiguo piso de coníferas destruido por seculares incendios y pastoreo caprino. En Guadarrama está presente sólo de forma natural, fuera del Parque Nacional, muy restringido entre Madrid y Ávila, inventariándose 5317 pies en 1971, entre Risco del Palanco, Cerro de la Carrasqueta, embalse de la Jarosa y Peguerinos, de 1200 a 1600 m (en Gredos 1100-1900). Crece disperso y en rodales con pino albar y resinero y gayuba (*Arctostaphylos uva-ursi*), sien-

do más ombrófilo que el resinero y más termófilo que el albar. Asimismo en un collado forma dehesa sobre pasto, viéndose ejemplares ahuecados antaño en su base para extraer astillas para hacer teas, portadas como antorchas humeantes para alumbrarse, por ejemplo en bodegas.

Hay rodales cultivados; de la subespecie *salzmannii*, en umbrías del arroyo de la Cruz y de las Cebadillas y solana de la Penosilla (San Lorenzo de El Escorial), Canencia y Garganta de los Montes; de la subespecie *nigra* (*P. nigra* var. *austriaca*), alóctona, más usada en repoblaciones, de ramas verticiladas y hojas más rígidas, en las mismas umbrías citadas, en el monte El Romeral (junto a presa homónima), Bustarviejo, Hueco de San Blas y Canto Cochino (La Pedriza), sierra de los Porrones, y al menos 2 pies en Valsaín junto a la fuente de los Dos Caños. Otras plantaciones sin precisar subespecie en Valdemanco y Lozoyuela-Medio Celemín.

De la subespecie *salzmannii* se ha plantado a menudo la variedad *corsicana* (Loudon) Hylander (*P. nigra* subsp. *laricio* (Poir.) Maire) como en puerta Cossíos (La Granja, Segovia). Para futuras reforestaciones se recomienda emplear solo el ecotipo natural del sistema Central, para reducir el riesgo de alteración genética de los pinos nativos.

Hay un ejemplar monumental catalogado en la Comunidad de Madrid, el «pino de la Hilera», de unos 500 años. En el libro de López Lillo & Mielgo (1984), el desaparecido «Pino de las Tres Provincias» (Ávila-Madrid-Segovia), probablemente fuese albar, y en cambio quizá sí fuese laricio el «Pino de las Tres Cruces» (confluencia de municipios de Guadarrama, El Escorial y Peguerinos). Otros deben merecen su catalogación.

Roble albar, roble, «roble negral»
Quercus petraea (Matt.) Liebl. subsp. *petraea*

Árbol corpulento, caducifolio, de gran parte de Europa y Asia occidental, incluida la mitad N de la península Ibérica, donde abunda más hacia el nordeste, y poblaciones más meridionales en la serranía de Cuenca. En el sistema Central es frecuente en Somosierra- sierra de Ayllón, escaso en la sierra de Guadarrama y alcanza muy raro en la sierra de Gredos.

Tiene hojas lustrosas, de 5-14 cm de longitud, lobuladas, glabras salvo en los nervios del envés, base de la hoja cuneada (raramente con aurículas poco desarrolladas), de peciolo largo (1-2 cm), canaliculado. Se ha diferenciado la subespecie *hugetiana* Franco & G. López, endemismo ibérico que no llegaría al sistema Central, de hojas más grandes, con 7-9 pares de nervios secundarios (5-7 en subespecie *petraea*). Bellotas sobre pedúnculos cortos o nulos.

Vive en laderas de umbría en zonas medias-altas (1200-1800 m), frecuentemente rocosas, apareciendo en zonas altas de melojares, pinares albares y raramente en rodales monoespecíficos.

Muy raro en la sierra de Guadarrama, destaca el rodal del monte La Pedriza o Río Viejo (Collado Hermoso, Segovia), a unos 1700 m, que incluye una docena de roblones viejos enormes. Ejemplares dispersos hay en: Monte de la Garganta (El Espinar), Moño de la Tía Andrea (Valsaín), pinar de Navafría, varios barrancos de Rascafría, La Acebeda, Dehesa de Robregordo, laderas de la Maliciosa (Navacerrada), pinar de Canencia, Cercedilla, Bustarviejo, Villa-vieja del Lozoya, etc. En Rodabá (Lozoyuela), existe un rodal más o menos hibridado con *Quercus pyrenaica*.

Dada su escasez no se conocen usos específicos, aunque seguramente fue cortado para leña y carbón, probable causa de su escasez, al no tener la capacidad de rebrote del roble rebollo. En la Dehesa de Braojos hay carbones de *Q. petraea* en la zona más profunda de las carboneras pero no en la parte superficial, más reciente (López *et al.* 2010). Los pobladores de la Sierra no suelen distinguir ambos robles, pero en La Acebeda, Robregordo y Somosierra a diferencia del rebollo lo llaman roble negral.

Declarado de Interés Especial en la Comunidad de Madrid (Decreto 18/1992), y propuesto para catalogarlo como Vulnerable (Blanco 1999), y de Interés Florístico Local en la sierra de Guadarrama de Castilla y León (Decreto 4/2010). Se hibrida frecuentemente con el rebollo (*Quercus pyrenaica*) formando el llamado *Quercus × trabutii* Hy, lo que dificulta la identificación de algunos ejemplares.

Saúco, «sabuco», «sabugo»
Sambucus nigra L.

Todo el mundo conoce el saúco, arbusto o arbolito de la familia de las caprifoliáceas o de las madreselvas. Más bien deberíamos llamarlo «sabuco» o «sabugo», como lo llama más frecuentemente la gente mayor en Guadarrama. Existe el topónimo *Sabugal* en la Sierra.

Muy asociado a los pueblos de la Sierra, en lugares humanizados donde ha habido ganado. Su imagen es inconfundible, con hojas compuestas y opuestas, imparipinada, con 2-3 pares de folíolos malolientes, ramas desgarbadas y huecas (con médula).

Es caducifolio, pero uno de los primeros en echar la hoja en primavera. Sus flores blanco-cremosas dispuestas en «tortas» planas llamadas umbelas, salen por junio; se comen en algunos países rebozadas en huevo. Los frutos maduran en agosto-septiembre, son bayas moradas oscuras, que manchan mucho, como la tinta (usada como tal en las escuelas tras la Guerra). Comestibles, se puede hacer con ellas mermeladas, mezcladas con limón, manzana o mora, pero, ojo, no deben confundirse con los presuntamente venenosos de su congénere herbáceo, el viezgo, yezgo, o yerbato (*S. ebulus*).

Nace fácilmente de semilla pero necesita suelo fértil nitrogenado y húmedo. Abundante en toda la Sierra sin excepción (subiendo hasta unos 1600 m en la acebeda de Alameda del Valle), gusta mucho de casas abandonadas o derruidas, corrales de ganado, etc., donde nace de excrementos de pájaros (dispersión por aves). Por tanto podemos decir que su especialidad es la antropofilia, pudiendo ser calificado de nitrófilo. En ambiente silvestre disperso y escaso en riberas de arroyos, sitios inaccesibles y algún canchal, prado, orla, seto de bosque o *bocage*.

No es longevo y raramente pasa de 50 años. Tarda mucho en formar madera compacta y esta es ligera y mala hasta para quemar. No conocemos ningún saúco monumental en la Sierra, pero seguro que existe alguno. La corteza de los viejos ejemplares es escamosa, muy rugosa y clara.

Ha sido y es un árbol útil para la población local, bastante usado en medicina popular en el pasado, para curar tanto a personas como al ganado, siendo importante en las culturas ganaderas de la Sierra, como en toda la mitad norte del país, que nos hacen pensar en conexiones lógicas con los pobladores que ocuparon la Sierra en sus orígenes.

Se usaba la flor en infusión para los ojos y la conjuntivitis, para lavar heridas, y en infusión para el catarro. Niños y pastores se entretenían haciendo canutos con sus tallos ahuecados, para disparar bolas o hacer flautillas de saúco.

Modernamente, por influencia de otros países de Centroeuropa (Inglaterra y otros) se hace un *sirop* o bebida refrescante de flores de saúco (*elder sirop*) e incluso una especie de champán. Lo hacen pobladores jóvenes de los pueblos de la Sierra y está muy bueno, siendo un refresco natural.

Está protegido en la Comunidad de Madrid aunque por error, pues no está amenazado, pero es árbol simpático a respetar, muy útil y atrayente de avifauna. Puede invadir huertos y solares abandonados.

Serbal de cazadores, serbal, «arbal», «serbellano», «serve-llano», «servillano», «cerbellano», «escuernacabra/os»
Sorbus aucuparia L.

Arbolillo caducifolio de la familia de las rosáceas conocido en los libros como serbal de cazadores, porque sus frutos atraen a los pájaros y estos, a su vez, a los cazadores (el nombre específico procede del latín *aucupor,* cazar aves). Vive en Europa, E de Asia, Marruecos, Islandia, Groenlandia y Madeira (en esta última quizá naturalizado). En la península Ibérica en media y alta montaña de su mitad norte, y dudoso en Sierra Nevada y sierra de la Sagra, probablemente confundido con *S. domestica.*

Mide hasta 20 m de alto, con corteza lisa grisácea, agrietada con la edad, y no suele pasar de 250 años. Hojas compuestas im-paripinnadas de borde simple o doblemente aserrado, con 5-7 folíolos menores de 5 cm, casi siempre pelosos, en especial hacia el envés y nervio medio, subsésiles salvo el terminal. Flores blancas o crema en densos corimbos, produciendo frutos rojos o rojo-anaranjados, de hasta 11 mm, con 1-6 semillas naranjas. Florece entre abril y julio, madurando los frutos en septiembre-octubre, siendo algo ásperos, ácidos y tóxicos, salvo si se hierven para preparar mermeladas, jaleas o conservas.

Prefiere suelos frescos silíceos y arenosos, aunque tolera las calizas. En la Sierra salpicado en robledales, abedulares, acebedas y pinares albares (naturales y cultivados), entre 1000 y 1750 (excepcionalmente 2050) m, y matillas en fisuras rupestres (Canto del Tolmo, La Pedriza; Dehesa Vieja, Bustarviejo), aunque en ambiente forestal parece preferir umbrías y vaguadas. En el norte peninsular suele ser árbol pionero que incluso forma localmente serbaledas de sustitución de hayedo y abedular, pero en Guadarrama afronta un largo período de sequía estival, lo que supone cierta rémora a su temperamento, quedando relegado a ser mero acompañante. Los nombres serbellano o ser-vellano y cerbellano se los dan más bien en Segovia (servellano y sevillano también en sierra de Gredos), arbal en Prádena, Montejo y La Puebla (los dos últimos de Ayllón), y escuernacabras en Somosierra. Puede ser derivación del árbol el topónimo La Sevillana, junto a la Peña del Arcipreste.

En la vertiente de Madrid se encuentra por: San Lorenzo de El Escorial; Valle de los Caídos; Valle de la Fuenfría; Valle del Paular (Los Pájaros; Cabeza Mediana; Aº de Hoyocerrado; Aº Hoyoclaveles; laderas de Hoyopoyales; curso medio del Aº de Artiñuelo; Aº de Entretérminos; Villavieja del Lozoya). Barranca de Navacerrada; La Pedriza y cabecera del Manzanares; ladera este de la Najarra; de Rascafría al puerto de la Morcuera; puerto de Canencia; Cerro de San Pedro; La Acebeda; Robregordo; sierra de la Cabrera; Somosierra. En Ávila, en Peguerinos. En Segovia a lo largo de toda la cara norte: cuenca alta del Voltoya- sierra de Malagón; Aguas Vertientes y cabecera del río Moros; Valsaín; valle de Río Frío; pinar de Navafría (Aº de Peñacabra, río Cega, cabecera del río de las Pozas, Monte de los Tejos); Las Berrocosas (Matabuena), acebeda de Prádena (serbales grandes). También se ha hecho alguna plantación experimental.

Protegido en Madrid (Decreto de 22 de 1 marzo de 1985; Decreto18/92, B.O.C.M. de 9.IV.1992). Tres ejemplares declarados singulares de El Escorial y Canencia han sido descatalogados después.

Tejo
Taxus baccata L.

De tejos hay en el mundo unas doce especies, pero en Europa sólo una, alcanzando el Atlas, Azores y Madeira. Le gusta el clima atlántico-oceánico templado húmedo, pero puede vivir en diversas situaciones, siempre que no falte la humedad ambiental y edáfica.

Distribución fragmentaria por las cadenas montañosas ibéricas, llegando, en peligro extremo de extinción, hasta las montañas levantinas, béticas y penibéticas. Guadarrama es uno de sus lugares clave de refugio.

Es un árbol especial y atípico; especie antigua con caracteres modernos y gran adaptabilidad. Además es bello y original, indicando casi siempre lugares de interés ambiental poco alterados. Tiene follaje siempreverde, oscuro y denso, y no alcanza gran altura, con silueta característica, y puede vivir más de 1000 años. Tronco más bien rechoncho, rojizo (no siempre), como su madera.

Presenta ejemplares macho y hembra separados por sexos (dioico). Como mecanismo defensivo, todo él es venenoso, excepto la cubierta roja de la semilla que es comestible (sólo la cubierta), muy atractiva para la fauna (dispersión zoócora). Estos «frutos» rojos son en realidad semillas, por ser gimnosperma taxácea. La toxicidad es debida a alcaloides, glicósidos y otras sustancias, importantes en fitoterapia científica.

Hay topónimos en la Sierra que testifican su presencia: arroyo de los Tejos, arroyo del Tejo, Las Tejeruelas, La Tejera, Peña del Tejo, Monte de los Tejos, etc. Vive normalmente solitario o formando pequeñas tejedas abiertas acompañando a bosques húmedos, de característica ecológicas similares a los hayedos, aunque no existan hayas, como pinares albares y robledales húmedos, abedulares, acebedas y bosques mixtos. Se presenta en Guadarrama entre 1100 y 1700 (1800) m. También puede ser árbol de ribera en arroyos umbrosos, o colgarse de grietas de roquedos húmedos.

Conocido como «tejo» por la población local, en el pasado fue perseguido por su toxicidad para el ganado en general, aunque también ha ejercido atractivo por su valor ornamental, existiendo bellos tejos en algunos jardines serranos.

Tras recientes estudios, resulta más frecuente de lo que se pensaba en la Sierra, siempre en situación de precariedad y con muy baja regeneración. Se estima que hay unos 4000 ejemplares adultos entre las dos vertientes serranas, por igual en la segoviana y la madrileña, estando protegido por ley en ambas. Serían deseables planes de recuperación y mejora. La superpoblacion de cabra montés es el mayor problema al que se enfrenta su regeneración.

Se pueden destacar las siguientes localidades en ambas vertientes: Somosierra, la Acebeda, Braojos Robregordo, puerto de Linares (Matabuena), Navafria (cabecera del Cega), valle del Lozoya, Valsain-Pinar de La Acebeda, Canencia, Miraflores, La Pedriza-Hoya de San Blas, San Lorenzo de El Escorial, Los Poyales (El Espinar), San Rafael, La Cabrera, etc.

Hay ejemplares enormes en algunos puntos: alto Lozoya, arroyo de los Tejos (Navafría), Canencia, La Pedriza... más de una docena de ellos se declararon singulares, siendo famosos algunos y muy perjudicados por el exceso de visitas turísticas.

Las tejedas mediterráneas y submediterráneas están protegidas por leyes europeas como hábitat prioritario para su conservación, de alto interés, representado con las siglas 9580*.

Mestos, ejemplares híbridos entre diferentes especies de *Quercus*

El género *Quercus* es de gran importancia en la península Ibérica pero de compleja taxonomía por la variabilidad de las especies.

Además los híbridos parece que son posibles entre cualquier par de especies. El problema surge cuando aparecen tres o más posibles parentales en una misma localidad o el presunto híbrido sólo convive con uno de los parentales, debido a la alta capacidad dispersiva de las bellotas por arrendajos. Además, los híbridos suelen ser fértiles (de forma reducida), lo que causa las introgresiones (o que se hayan encontrado genes típicos de una especie en poblaciones de otra), e incluso se han descrito híbridos entre tres especies. Algunos ejemplares híbridos muy raros deberían ser catalogados como árboles singulares, por su interés científico, pero no como especies protegidas, que tendría algo de sin sentido. El conocimiento de su distribución es escaso por la dificultad de su identificación, y su nomenclatura es compleja por el diferente valor dado por distintos autores a las especies y subespecies implicadas. Señalamos seguidamente los híbridos constatados en la sierra de Guadarrama.

- *Quercus* × *auzandrii* **Gren. & Godr.** nothosubsp. *airensis* **Franco & Vasc.** (*Q. coccifera* × *Q. ilex* subsp. *ballota*): Dehesa de Moncalvillo (San Agustín de Guadalix), Colmenarejo y Manzanares el Real.
- *Quercus* × *diosdadoi* **F. M. Vázquez** (*Q. ilex* subsp. *ballota* × *Q. pyrenaica*): fácil de confundir con los variables quejigos e híbridos. Citado de Bustarviejo y Valdemanco donde conviven los parentales.
- *Quercus* × *avellaniformis* **Colmeiro & E. Boutelou** =Quercus × mixta Villalobos ex Colmeiro (*Q. ilex* subsp. *ballota* × *Q. suber*): En el alcornocal del Cerro de la Cabeza en La Cabrera, en Cabeza Grande de San Ildefonso y Parque Riofrío (en las dos últimas localidades, segovianas, no hay alcornoque).
- *Quercus* × *neomairei* **nothosubsp.** *numantina* (**Ceballos & C. Vicioso**) **Sáenz & Rivas-Martínez** (*Q. faginea* subsp. *faginea* × *Q. pyrenaica*): muy frecuente, sobre todo en entorno de quejigares: Navalmadero y Ladera del Cortijo (Bustarviejo), quejigar en pinar de Canencia (procedente de plantación), Soto del Real, La Pedriza, La Cabrera, etc.
- *Quercus* × *senneniana* **A. Camus** (*Q. faginea* subsp. *faginea* × *Q. ilex* subsp. *ballota*). Encinares de Colmenar Viejo.
- *Quercus* × *trabutii* **Hy** (*Q. petraea* × *Q. pyrenaica*): en la mayoría de las localidades de *Q. petraea*.

Quercus × numantina

Quercus × diosdadoi

Quercus × trabutii

Aliso, alisa

Alnus glutinosa (L.) Gaertn, *A. lusitanica* Vít, Douda & Mandák.

Especie de amplia distribución que incluye Europa, noroeste de Asia y norte de África, ligada a medios fluviales, más frecuente en terrenos silíceos. Forma alargados y densos bosques de galería, umbrosos y monoespecíficos de gran importancia ecológica, siendo una de las especies ripícolas más importantes.

Recientemente se han separado los alisos ibéricos (*Alnus lusitanica*) del aliso común (*A. glutinosa*). Mientras que el segundo llega a la cornisa cantábrica, el aliso ibérico se extiende por la mitad oeste, enrareciéndose hacia el este en los enclaves más áridos, fríos o mediterráneos. Le favorecen los climas oceánicos de elevada pluviometría, con cursos de agua permanentes. Por ello, en el sistema Central es más abundante en su mitad occidental. En la sierra de Guadarrama escasea por su mayor continentalidad y menor pluviometría, ascendiendo hasta 1300 m, algo más en Gredos.

Árbol de 15-20 m, con raíces superficiales para la oxigenación de las mismas, con nódulos, fruto de su asociación con bacterias del género *Frankia*, capaces de fijar nitrógeno atmosférico. Hojas redondeadas, alternas, festoneadas, con ápice redondeado en el aliso ibérico frente al ápice escotado del aliso medio-europeo. Los alisos son de los pocos árboles caducifolios cuyas hojas se caen verdes, tal vez por no tener que recuperar nutrientes gracias a sus asociación simbiótica. Es árbol monoico, de amentos masculinos cilíndricos y colgantes. Las flores femeninas originan infrutescencias como «piñas» (pseudoestróbilos), leñosas y parduzcas, con numerosos frutillos acorazonadas y comprimidas. Florece a mediados de invierno, madurando los frutos en otoño y persistiendo largo tiempo en el árbol.

Forma alisedas en ciertos tramos bajos de los ríos guadarrámicos, principalmente en el Guadalix y sus afluentes, los arroyos del Valle, Gargüera, Albalá, más tramo bajo del Lozoya, en Guadarrama por su afluente el Jóbalo (Bustarviejo, Navalafuente, Valdemanco, Sieteiglesias, El Berrueco, Manjirón). El hidrónimo árabe Guadalix significa «río de los alisos», existiendo extensas aliseda a lo largo de dicho río. La aliseda más alta está en el arroyo Gargantón (1250 m), en la subida macureña del puerto de la Morcuera. Pies dispersos hay en la solana de la sierra de la Cabrera, hoces del Aulencia, y dentro del Parque Nacional en Valsaín (arroyo Rastrillo y cercanías), en un afluente del río Cambrones (un pie a más de 1300 m), alto Manzanares aguas arriba de Charca Verde (3 alisos), valle de La Fuenfría (citado), y río Cofio. A menudo convive con saucedas arbustivas de *Salix atrocinerea* y *S. salviifolia,* siendo sustituido en tramos altos por ellas, o por tembledas y abedulares.

Sus formaciones han sido muy perjudicadas por la secular degradación de los productivos bosques de ribera y la regulación de cauces con el descenso del nivel freático, y que fueran más abundantes en los ríos guadarrámicos antaño. No hay alisos declarados singulares, en los ríos o arroyos del Guadarrama , algo que merecerían algunos del arroyo Gargüera entre Bustarviejo y Navalafuente.

Ideal para zonas húmedas, hay pequeñas plantaciones como Colmenar Viejo y Soto, e incluso introducciones desafortunadas de la especie norteña en plantaciones de *enriquecimiento* (Canencia, Bustarviejo, ...). Su madera es anaranjada rojiza, casi imputrescible pero de mala calidad, pues se alabea. Usada antiguamente como astringente o febrífuga, y para la fabricación de juguetes y herramientas.

Las alisedas riparias son hábitat prioritario para su conservación en la Unión Europea (91E0*).

Chopo, chopo negro, álamo negro
Populus nigra (L.) Mill.

Árbol autóctono pero plantado desde antiguo y por su carácter colonizador favorecido directa o indirectamente por el hombre. Los estudios genéticos han demostrado que en la península Ibérica se localizan algunos de sus refugios durante las glaciaciones del pleistoceno, lo que junto a su gran capacidad de dispersión permite suponer que sea autóctono de gran parte de ella, salvo alguna variedad introducida. El nombre común álamo negro genera gran confusión pues en la sierra de Guadarrama y Segovia se aplica habitualmente a los olmos (*Ulmus minor*).

Árbol de crecimiento rápido y corpulento, de corteza gruesa y cuarteada, gris a negruzca, con abultamientos con rebrotes. Las formas autóctonas tienen las ramas ligeramente ascendentes, con ramillos y peciolos glabros (var. *nigra*) o pubescentes (var. *betulifolia* (Pursh) Torr.). Los chopos son caducifolios, con hojas pequeñas (hasta 7 cm), ovado-romboidales a ovado-triangulares, dentadas en el margen y sin glándulas en la base, verde intenso. Como toda la familia de los chopos y sauces (salicáceas) son árboles dioicos, con flores en amentos, en este caso púrpuras los machos y más verdosas las hembras. Florece antes de la foliación (febrero o marzo) y fructifica en mayo, dando capsulas verdes que al abrirse liberan las semillas con largos pelos sedosos en masas de algodón.

Vive en lugares húmedos como arroyos y tiene gran capacidad de colonización, por ejemplo de las cunetas. Como se ha dicho también plantado en prados, setos y arroyos, lo que di-

Populus nigra var. italica

ficulta conocer el origen natural o espontáneo de muchos pies. Es anemófilo y anemócoro. No parece vivir bien en altura, hasta unos 1500 m, donde llega tal vez plantado.

Especie dispersa por la sierra de Guadarrama, más frecuente en las zonas bajas. Faltan estudios para determinar la distribución de las variedades y su grado de espontaneidad, lo que tiene interés pues algunas floras modernas las dan rango de subespecie y en España han sido poco consideradas por el supuesto carácter alóctono.

Antiguamente usado para dar ramón al ganado. Madera de poco poder calorífico y algo blanda, poco estimada para leña y construcción (era preferida la madera de *Populus tremula*), aunque a veces se hacían de ella vigas para casas.

La variedad más frecuentemente cultivada, aparte del chopo híbrido (véase ficha), es el chopo lombardo (var. *italica* Münchh = var. *pyramidalis* Spach), procedente del Mediterráneo oriental o Italia según los autores. Tiene porte columnar con ramas erectas, troncos en árboles añosos de sección algo estrellada, ramillas del año glabras y es clon de árboles machos. En la sierra de Guadarrama parece que fue introducida con las repoblaciones forestales de la primera mitad del siglo XX, como árbol esporádico en arroyos y en plantaciones lineales de carretera. Como se ha plantado muchas veces mezclado con las variedades autóctonas, ya se ven individuos intermedios. El chopo del Caño Viejo de Collado-Villalba (var. *italica*) está declarado árbol singular (Decreto 18/1992 en Madrid), de 32 metros de altura, 2,73 metros de circunferencia de tronco y unos 100 años. También destaca un rodal cercano al monasterio del Paular, con viejos troncos desmochados.

Olmo, olmo común, olma, álamo, álamo negro, álamo negrillo, negrillo
Ulmus minor Mill.

El Viejo Olmo de la Plaza preside la vida del pueblo... imagen aplicable a algunos de nuestros pueblos serranos hasta los años 80 o 90 del siglo XX. El olmo o la olma de la plaza eran un símbolo, punto de referencia de la comunidad, pero ya casi no existe, es historia.

Hay unas 30 especies de olmos (familia *Ulmaceae*) en el hemisferio Norte. Su área natural (centro y sur de Europa, este de Asia y norte de África), está desdibujada por cultivo, actualmente se considera que la var. *minor* es parcialmente autóctona, y la *vulgaris* (Aiton) Richens proviene de cultivo, como apoyo al cultivo de las vides. Prefiere suelos frescos, profundos, básicos, aunque tolera diversas condiciones.

Es llamado en la Sierra también álamo, álamo negro o negrillo. Tiene tronco agrietado y hojas simples, aserradas, asimétricas en la base. Original floración invernal, con flores monoicas en glomérulos rojizos. Frutos alados (sámaras), formados antes de la foliación.

Principalmente cultivado en la Sierra, silvestre en vegas fluviales bajas, asociado al ser humano y muy valorado. Abundaba en los pueblos y alrededores, caminos, fincas o carreteras. Hoy es raro por la enfermedad de la grafiosis (que deja señales como grafismos bajo la corteza). Los coleópteros (*Scolytus scolytus, S. multistratus*), son vectores de propagación del hongo microscópico ascomicete pirenial parásito *Ophiostoma ulmi* (= *Ceratocystis ulmi*; *O. novo-ulmi* es la cepa agresiva).

Siempre fue árbol corpulento acogedor de vida (insectos, hongos, aves, etc.), capaz de soportar podas severas y parásitos y fitomas o agallas, pudiendo ser varias veces centenario. Tolera la plaga de la galeruca (escarabajo *Galerucella luteola*) y la grafiosis, hasta que en los años 80 se manifiesta en España una cepa virulenta de esta última, acabando con las olmedas, reducidas a rebrotes arbustivos que vuelven a ser atacados en cuanto crecen algo.

Murieron muchos álamos y alamedas: los álamos de Miraflores y Rascafría, la olma gigante de la ermita de la Virgen de la Vega (Requijada), los de Collado Hermoso, Pedraza, Soto de Revenga o el de la Finca Santa Cecilia (La Granja), y en Segovia capital (alamedas completas de La Fuencisla y El Parral, quedando uno en el paseo Ezequiel González). Sobrevive el de la Plaza del Ayuntamiento de Guadarrama, declarado singular por la Comunidad de Madrid. No hay solución convincente a la grafiosis, aunque hay cepas resistentes.

Madera excelente para yugos, carros y todo tipo de aperos, y ramas muy útiles para sacar varas y hacer garrotas o «cayadas». Del arado, al menos la cama y el timón solían ser de álamo negro (también de encina). La hoja se

consideraba buen forraje para los cerdos, los frutos eran comidos en verde por los chicos: «pan y queso», en algunos pueblos (no confundir éstos con las flores de *Robinia pseudoacacia*, llamadas casi igual: pan y quesillo).

No está protegido en la Sierra, pero debería estarlo actualmente, debería inventariarse los olmos supervivientes y conservar memoria histórica de los desaparecidos, como se ha hecho en Valladolid.

Olmo blanco, olmo llorón, olmo
Ulmus laevis Pall.

Especie de Europa y Asia Menor. En la península Ibérica se consideraba de origen asilvestrado, pero los análisis genéticos demuestran su carácter autóctono. Nuestro país parece ser uno de sus refugios glaciares y uno de sus principales núcleos de diversidad genética. Aparece disperso, enmascarando su presencia su semejanza con el más frecuente olmo común (*Ulmus minor*). Citado en Navarra y País Vasco, Burgos, León, Soria, Zamora, Granada, etc. Posiblemente su distribución sea muy mal conocida y ofrezca muchas sorpresas en el futuro.

Muestra una copa esférica y elevada en zonas abiertas, y no suele superar en Guadarrama los 10-15 m de alto. Corteza parduzca, agrietada longitudinalmente. Hojas simples, ovadas, menores que las del olmo de montaña y no trífidas, dentadas, con dientes recurvados hacia el ápice, y menos rugosas que del olmo común. A diferencia de otros olmos posee flores pecioladas y colgantes, y sámaras ciliadas y pedunculadas que le dan su apodo de «llorón».

De floración temprana, a principios de la primavera, disemina los frutos en mayo y por ocurrir ambos fenómenos antes de la foliación dan lugar al «milagro del olmo».

Es árbol ripícola de la orla exterior de riberas silíceas, prefiriendo climas atlánticos o submediterráneos. Crece bien sobre suelos pesados, arcillosos, en ambiente de encinares o melojares. Es vicariante del olmo común en riberas ácidas. Comparte estación con fresnedas, choperas y puntualmente saucedas arbustivas, soportando la abrasión propia de las crecidas.

En el sistema Central hay poblaciones al pie de la sierra de Guadarrama, pudiendo algunas ser naturales. También ha sido plantada en parques, el monte Abantos (El Escorial) y Bustarviejo, pudiendo asilvestrarse fácilmente. Hay defensores y detractores del carácter autóctono de la olmeda de la finca Quitapesares (Palazuelos de Eresma, Segovia), desgraciadamente integrada en un campo de golf, y de la de Valdelatas (Madrid).

En la Sierra propiamente dicha es muy raro, normalmente en cotas bajas, existiendo pies aislados en: arroyo Artiñuelo, a más de 1700 m al pie de afloramientos de mármoles (Rascafría; dentro del Parque Nacional), valle de la Barranca en el río Navacerrada (aguas abajo de las presas del ejército), gargantas del río Guadalix (aguas abajo de Miraflores de la Sierra), y solana de la sierra de Hoyo de Manzanares (Torrelodones). Las poblaciones de Miraflores son especialmente interesantes al estar integradas por varios ejemplares.

Ningún olmo blanco estrictamente guadarrámico muestra tallas especialmente destacables, siendo más grandes los de Miraflores. Hay ejemplares de cierta entidad en Quitapesares y Valdelatas.

Los olmos eran plantados por los ganaderos en torno a cañadas, veredas, pozos y norias, por el valor de su ramón y su sombra como puede ser el caso de ciertos pies aislados. No le afecta afortunadamente la grafiosis al no ser apetecido por el escarabajo vector de la enfermedad, lo que ha permitido la conservación de las últimas poblaciones existentes pertenecientes a la última especie de árbol en ser propuesta como autóctona del Guadarrama.

Otro árbol de la familia de las ulmáceas es el **almez latonero**, **ojaranzo** o **lodón (*Celtis australis* L.),** posible origen del nombre del pueblo madrileño de Torrelodones, existiendo cita de origen incierto (cerca del apeadero de La Navata, Galapagar). Hay almeces muy grandes plantados en Segovia capital (también del americano *C. occidentalis* L.). Como silvestre en Guadarrama es muy escaso, pero cultivado es relativamente común

Sauce: mimbrera, «sacera», «saz», «saz loco», «saz chas-quizo»
Salix fragilis L.
Sauce, «saz», «saz blanco», «salguera», «sacera»
S. alba L.

Salix fragilis, flores masculinas

Son los grandes sauces arbóreos de los ríos ibéricos y los principales de Europa, alcanzando el SO de Asia, el primero, y más extendido por Asia y llegando al N de África el segundo.

Árboles que pueden alcanzar los 20 m de altura y más en el caso de *S. alba*. Éste suele presentar un tronco erecto mientras que *S. fragilis* habitualmente presenta varios troncos ascendentes. Es característico de *S. fragilis* sus ramillas quebradizas por la base, pronto glabras, mientras que en el segundo hay que desgajarlas y son suavemente peludas el primer año, por lo menos en la variedad *alba* (la var. *vitellina* (L.) Ser. es de ramillas amarillas y glabras). Ambos tienen hojas caducas, estrechamente lanceoladas, ligeramente aserradas y con glándulas en la unión del limbo con el peciolo, generalmente ramificadas en *S. fragilis*. En *S. alba* las hojas son menores (hasta 6,5 cm) y con abundantes pelos aplicados, por lo menos en el envés dando aspecto plateado sedoso, mientras que en *S. fragilis* son de hasta 14 cm, sólo pelosas al brotar, quedando brillantes por el haz y glaucas por el envés. Floración simultánea con la foliación.

Viven en riberas basales formando parte de saucedas mixtas y otros bosques de ribera, raramente como especies dominantes. *S. alba* es calcícola por lo que no aparece aguas arriba de los afloramientos de caliza en la sierra de Guadarrama (hasta 1100 m) mientras que *S. fragilis* es más indiferente y alcan-

Salix alba

za mayor altitud, hasta unos 1600 m. La facilidad con que se parten y arraigan las ramillas de *S. fragilis* le permite reproducirse vegetativamente muy fácilmente, cosa que también puede ocurrir más forzada en otros sauces y chopos.

S. fragilis es frecuente en la sierra de Guadarrama, estando presente en todos los ríos y muchos arroyos. *S. alba* es mucho más escaso, pudiendo señalarse en el río Guadalix, tramo bajo del arroyo Artiñuelo en Rascafría, Prádena de Segovia, tramos bajos (en la Sierra) del Eresma y Cega, etc.

Se usaban como mimbre en trabajos de cestería, especialmente la «mimbrera» *S. fragilis* (el sauce más usado y plantado a tal fin), fue muy importante en los pueblos serranos.

Los sauces de La Galapaguera del Paular (*S. fragilis*) están catalogados como Árboles Singulares (Decreto 18/1992), de unos 70 años, el más grande tiene un perímetro de tronco de 3,70 metros. Más gruesos son 4 ejemplares de esta especie situados en el paraje de La Isilla en Bustarviejo, de 5 a 6,20 m de perímetro. Son todos machos y seguramente sean la fuente de los ejemplares existentes hasta parte del Arroyo Gargüera, más de 50 ejemplares grandes del mismo sexo.

Una especie controvertida es **S. neotricha** Görz (*S. × rubens* Schrank, = *S. alba × fragilis*). Según algunos autores sería un endemismo ibérico, propio de la zona mediterránea y citado a veces más frecuente que sus parentales en tramos bajos de ríos al pie de la Sierra en Madrid y como híbrido del arroyo Cambrones en La Granja y el Río Eresma en Segovia. Se debe estudiar si las supuestas poblaciones no son clones por reproducción vegetativa.

Sauce negro, «sace», «saz», «sauz», «salguera», «sarga», «sacera», «elguera», «sace», «verguera», «bardaguera»
Salix atrocinerea Brot.

Este árbol o arbusto del Guadarrama, que crece junto al agua, es uno de los más abundantes y característicos. Podría ser el «5.º grande» de los considerados (ver bloque 1).

Especie propia de la Europa atlántica y el noroeste de África, presente en toda la península Ibérica.

Árbol arbustivo, generalmente con varios troncos tortuosos, de hasta 12 m de altura. Brotes pelosos y leño con costillas longitudinales (se aprecia descortezando ramas secas). Hojas espatuladas, 2-3 veces más largas que anchas, de envés glauco con pocos pelos cortos rojizos, enteras o ligeramente serradas. Estípulas persistentes. Como todos los sauces es dioico. Florece antes de la foliación (febrero-marzo), con amentos densamente pelosos («rabillos de conejo», «gatitos», «gatillos»), como probable adaptación a heladas. Los frutos maduran por abril, liberando semillas en marañas de hilos de algodón.

Vive en riberas y prados encharcadizos desde la base de la Sierra hasta unos 1500 m, aisladamente 2150 m. Forma saucedas en ríos y arroyos, permanentes o estacionales, que tienden a aparecer como árboles dispersos al atravesar bosques más altos que sombrean el cauce (pinares, robledales, etc.), o mezclado con otras especies higrófilas como otros sauces, fresnos, chopos o abedules. Es el sauce más abundante, en casi todos los ríos y arroyos de cierta entidad y favorecido en prados húmedos y en setos vivos.

Antiguamente usado para hacer mimbre basto, aprovechándose los fuertes brotes tras su desmoche. Su leña es algo apreciada, más que la de cualquier otro sauce o chopo, y la madera para mangos de herramientas y aperos.

Otros sauces arbustivos presentes en la Sierra son:

- *Salix purpurea* L.: hojas generalmente opuestas, glabras y relucientes por el haz (pelosas solo al brotar), sin estípulas, linear-lanceoladas, variablemente dentadas. Es algo basófilo, por lo que escasea, salvo en el río Lozoya y cauces de la rampa segoviana, cerca de afloramientos calizos.

Amento inmaduro de *S. atrocinerea*

- ***Salix salviifolia* Brot.**: parecido al sauce negro; hojas estrechas (3-5 veces más largas que anchas), tomentosas y con estípulas persistentes. Prefiere humedales más estacionales y rocosos o arenosos. Endemismo ibérico, abundante en zonas silíceas de ambas mesetas y frecuente en la Sierra. Un ejemplar de Braojos está catalogado singular (Decreto 18/1992), con altura de 9 metros y perímetro de 3,50 metros, aunque está muy deteriorado. Se hibrida con *S. atrocinerea* (*S. × secalliana* Pau & C. Vicioso).

- ***Salix triandra* L.**: a veces arbolillo. Hojas linear-lanceoladas, aserrado-glandulosas y estípulas persistentes. Nombre alusivo a sus tres estambres por flor (2 en los demás sauces serranos). Es algo basófilo, aparece disperso por múltiples arroyos de la Sierra y es menos frecuente.

- ***Salix caprea* L.**: parecido a *S. atrocinerea*, más arbóreo, con hojas anchamente ovadas, estípulas caducas y tomento brillante por el envés. Sin costillas en el leño ni pelos herrumbrosos en las hojas. Muy raro en la Sierra, 2 ejemplares en el barranco del Arroyo del Telégrafo (Valsaín), y otros seguramente plantados en los jardines de La Granja y la fuente del Trampal de San Lorenzo de El Escorial. Como es dioico, y por tanto individuos aislados no pueden reproducirse, no está claro si es resto de poblaciones más abundantes en el pasado o procede de poblaciones lejanas gracias a su gran capacidad dispersiva (frecuente en las montañas del tercio norte peninsular llegando escaso a sierra de Ayllón, Somosierra y Sierra Nevada).

  - ***Salix eleagnos* Scop.**: no parece crecer en la Sierra, pero se ve en zonas calizas cercanas a Pontón de la Oliva y hoces del Riaza. Podría estar en algunos arroyos del piedemonte calizo segoviano. Es un sauce arbustivo de hojas lineares y tomentosas, especialmente por el envés.

Salix caprea

ARBUSTOS Y ARBOLILLOS

Especies de muy diversas familias, caducifolias o perennifolias, la mayoría productoras de frutos jugosos dispersados por aves o mamíferos, propias de bosques claros o setos, muchas veces refugiadas en roquedos.

Aladierno, carrasquilla
Rhamnus alaternus L. (Familia: ramnáceas)

Arbusto de hasta 8 m, mucho menor en hábitats rupícolas, perennifolio, con hojas alternas, duras, de 1-6 cm de longitud, de lanceoladas a suborbiculares, y dentadas, a veces espinescentes. Flores pequeñas y verdosas, dan lugar a bayas negras de 4-6 mm. Especie mediterránea, frecuente en la Península en el centro, este y sur. Aunque es indiferente edáfico, en la Sierra restringido a afloramientos calizos, por ser más térmicos, en laderas rocosas y pedregosas de San Agustín del Guadalix, El Vellón y Venturada, en zonas de encinar más o menos aclarado y roquedos.

Avellano
Corylus avellana L. (Familia: betuláceas)

Suele presentar varios tallos procedentes de la misma cepa, alcanzando hasta 10 m, con hojas caducas, alternas, grandes (hasta 12 cm), redondeadas y margen doblemente aserrado, con peciolo corto (1-2 cm) y brotes con pelos glandulares. Florece en invierno (enero-febrero) con amentos de flores masculinas y flores femeninas ocultas en las yemas, de las que solo asoman los estigmas rojizos. El fruto es la avellana, algo ovoidea de hasta 2 cm de longitud, envuelta en vaina verde, de longitud similar, dentada y dividida hasta la mitad o más por dos lados. Vive en Europa y oeste de Asia, frecuente en el tercio norte peninsular, en el sur restringido a montañas. Es propio de arroyos montanos a veces en roquedos, frecuentemente en barrancos frescos (900-1600 m), formando avellanedas, especialmente cuando el cauce es sombreado por bosques circundantes. Es indicador de enclaves húmedos en la Sierra y a veces forma avellanedas (Eresma, Lozoya, Pozón…). Abunda en Valsaín, valle del Paular, Valle de Bustarviejo, Villavieja, Robregordo, etc. Se cultivan especies raras como *C. hispanica* Mill.

ex D. Rivera & cols., muy parecido pero con vainas más largas que las avellanas y divididas por un solo lado.

Bonetero, falso boj, «escuernacabras»
Euonymus europaeus L. (Familia: celastráceas)

De hasta 5 m, de ramillas verdes y de sección cuadrangular, caducifolio, de hojas grandes, de 6-11 cm, elíptico-lanceoladas, de margen finamente dentado y glabras. Flores en cortos ramilletes, verdosas, que dan lugar a frutos en forma de bonete de obispo, que son cápsulas de 1 o 4 lóbulos, que se abren en otoño dejando ver las semillas (una por lóculo), envueltas en un tejido carnoso (arilo) de color naranja.

Especie euroasiática, dispersa por la mitad norte de la península Ibérica. En la Sierra dispersa, especialmente en el ámbito de fresnedas, en setos y espinares, por gran parte de ella.

Cerezo de Santa Lucía, cerecillo, cerezo montesino
Prunus mahaleb L. (Familia: rosáceas)

Prunus mahaleb

Arbolito caducifolio de hasta 8 m, con hojas alternas, oval-suborbiculares de 2- 8 cm longitud y margen con dientes glandulosos. Flores pequeñas, en cortos ramilletes de 3-12 flores, originando frutos de hasta 1 cm, negros. Propio de zonas rocosas y frescas, generalmente calizas del contorno del mar Mediterráneo hasta Centroeuropa, abundando en la mitad oriental de la Península. En la sierra de Guadarrama restringido al barranco del arroyo del Aguilón (Rascafría), sobre gneis.

Cornicabra, terebinto
Pistacia terebinthus L. (Familia: anacardiáceas)

Arbolito de hasta 5 m, aunque en roquedos no suele pasar de arbusto. Hojas caducas compuestas por 5-7 foliolos pinnados y enteros. Flores pequeñas en ramilletes que dan lugar a frutos rojizos, vanos, y unos pocos azulados, con semilla fértil.

Propio de la región Mediterránea, frecuente en el centro, sur y este peninsular. Se cría en laderas soleadas y rocosas hasta 1100 m en zonas de encinar, más abundante en calizas (Valdemorillo, Guadalix, San Agustín del Guadalix, Soto del Real, o Torreiglesias en Segovia), pero también en rocas ácidas como por ejemplo en Torrelodones, Galapagar, Colmenar Viejo, Valdemanco, Bustarviejo o La Cabrera. Declaradas singulares (orden 68/2015), las del Majuelo Benito (Navalagamella). Muy escaso en la vertiente segoviana.

Coscoja
Quercus coccifera L. (Familia: fagáceas)

Arbusto que forma matas densas de hasta 3-4 m de altura y diámetro similar. Semejante a las matas de encina, con hojas dentado-espinescentes, pero amarillentas y glabras por ambas caras. También se diferencia en las cúpulas de las bellotas, con escamas revueltas y espinescentes. Típico componente de los matorrales arborescentes mediterráneos, en la península Ibérica restringido a la mitad sur y vertiente mediterránea, penetrando hacia el interior especialmente en zonas calizas, formando coscojares. En la Sierra escaso en laderas secas y soleadas de los afloramientos de calizas de Valdemorillo, San Agustín del Guadalix, El Vellón y ejemplares aislados sobre rocas ácidas en el sureste de Colmenar Viejo y sureste de Manzanares del Real.

Espino cerval, «escuernacabras»
Rhamnus cathartica L. (Familia: ramnáceas)

De hasta 4 m, erecto, espinoso (aunque puede presentar ramas inermes), de yemas opuestas o subopuestas, caducifolio, con hojas ovadas o suborbiculares, de 1-7 cm, con 2-4 pares de nervios secundarios y de margen crenado con dientes glandulares. Flores pequeñas y verdosas, dan lugar a bayas negras con 3 semillas. Especie euroasiática y norteafricana, frecuente en el tercio norte, llegando al sistema Ibérico, sistema Central y Sierra Nevada, preferentemente en sustratos silíceos. Propio de robledales, fresnedas, bocages y espinares, disperso por toda la Sierra. Parecida es **Rhamnus alpina** L., inerme y con hojas con 7-15 pares de nervios secundarios. Es principalmente calcí-

cola, de zonas frescas y a veces a bastante altitud. Existen citas antiguas de la Sierra sin confirmar, encontrándose en Segovia en las sierras de Pradales y Ayllón.

Espino albar, majuelo, majoleto, amajoleto, majoleta, manjuleto, manjuletero, espino majuletero, espinovero

Crataegus monogyna Jacq. (Familia: rosáceas)

Especie euroasiática y norteafricana, distribuido por toda la península Ibérica, muy frecuente desde las zonas más bajas hasta unos 1800 m, en todo tipo de bosques, más frecuentemente en su orlas, formando espinares con rosas y otros arbustos. En zonas bajas y secas abunda más en las riberas.

Arbusto o arbolito con tronco bien definido de hasta 8 m, espinoso, caducifolio, de pequeñas hojas alternas, generalmente divididas en 3 a 7 lóbulos, con algún diente en el ápice de los lóbulos, con flores en ramilletes, blancas, posteriores a la foliación, que dan lugar a frutos redondeados de 1 cm coronados por el cáliz persistente, rojos y con una semilla.

Jabino, enebro común, enebro, «nebro»

Juniperus communis L. (Familia: cupresáceas)

Muy variable en el porte, desde formas postradas (subsp. *nana* Syme = subsp. *alpina* (Suter) Celak), arbustivas (subsp. *hemisphaerica* (C. Presl) Nyman), hasta arbolitos (subsp. *communis*). Hojas aciculares, de hasta 0,2 × 2 cm, pinchosas, con una sola banda estomática blanquecina por el haz. Con sexos separados, dando las hembras una especie de bayas (arcéstidas) negras, cubiertas de

polvillo azulado y con 1-3 semillas. Vive por toda la Sierra salvo las cotas bajas y secas, siendo frecuente la subespecie *nana* en matorrales supraforestales, mientras que en pinares, robledales, espinales y jarales de estepa la subespecie más abundante es la *hemisphaerica,* generalmente hasta 2-3 m, con varios tallos ascendentes, de hojas anchas, densas, con la banda estomática dividida tenuemente en dos en la base de la hoja. Ocasionalmente hay formas erectas de hasta 4 m, de copa estrecha, que por sus hojas, parecen formas de esta última subespecie, no estando claro que exista la subespecie *communis* en la Sierra (tendría hojas más estrechas y distanciadas y copas más amplias).

Mundillo, saúco de agua
Viburnum opulus L. (Familia: caprifoliáceas)

Arbusto grande, de hasta 4 m, caducifolio, de hojas opuestas palmado-lobadas y dentadas, grandes (hasta 15 cm diámetro). Flores en ramilletes aplanados, blancas de 5 pétalos, las de la periferia grandes y estériles mientras las del interior son pequeñas y fértiles. Frutos de hasta 1 cm, rojos al madurar, con una semilla. Especie euroasiática, en la península restringida a la mitad norte y algunas sierras del sur, propia de cauces y zonas muy húmedas en zonas frescas, frecuentemente como sotobosque de saucedas. En la Sierra frecuente en al valle del Paular, apareciendo también en Prádena, Villavieja, Bustarviejo, Cercedilla, Valsaín, etc. Un arbusto emparentado, de hasta 3 m, es la **morrionera** o **escuernacabras** (*V. lantana* L.), también caducifolio pero de hojas redondeadas, finamente dentadas, con envés tomentoso y frutos negruzcos. Habita en medios no necesariamente tan húmedos (también en fresnedas y robledales), sin abundar, con cierta tendencia calcícola.

Olivilla, labiérnago, «ladierna»
Phillyrea angustifolia L. (Familia: oleáceas)

Arbusto grande, hasta 5 m, perennifolio, con hojas linear-lanceoladas, de hasta 8 × 1,5 cm, opuestas y glabras. Frutos pequeños (0,5 cm de diámetro), negros al madurar, con 1-2 semillas. De la región mediterránea occidental, siendo frecuente por el E y S peninsular en zonas de encinar o alcornocal. En la Sierra escasea en roquedos solanos hasta 1100 m, en Torrelodones, Cabeza Illescas, Bustarviejo, San Agustín de Guadalix, etc.

Piruétano, galapero, peral silvestre, peral
Pyrus bourgaeana Decne. (Familia: rosáceas)

Arbolito parecido a los perales cultivados pero espinoso, con abundantes chupones que dan lugar a la formación de pequeños rodales, hojas siempre dentadas, menores (2-8 cm de longitud) y con largos peciolos. Produce peras redondeadas, pequeñas (2-3 cm de largo), muy duras, con pedúnculos rígidos de 1-3 cm, a veces persistentes cuando ya han caído las hojas.

Especie Ibero-norteafricana, presente en el centro y sur peninsular, más frecuente hacia el oeste, que llega aparecer escaso pero disperso por la rampa meridional de la Sierra, en ámbito de encinares y robledales, hasta 1120 m. de altitud en solanas. Es indiferente edáfico, creciendo en terrenos silíceos (caso más frecuente) como calizos, por ejemplo en Soto del Real. Puede señalarse también en Colmenarejo, Galapagar, Alpedrete, Brunete, El Escorial, sierra del Castillo de Collado Mediano, Cerceda, Dehesa de Navalvillar y zonas cercanas (Colmenar Viejo), arroyo Peralejo (San Agustín del Guadalix), Pedrezuela, mitad inferior de Miraflores (algunos pies desaparecidos con los túneles del AVE), Prados Piruétanos de Bustarviejo, etc. Las citas son cada vez más abundantes para una especie que se considera rara en la Sierra.

Rabiacano, rabiacán, arraclán, «escuernacabras»
Frangula alnus Mill. subsp. *alnus* (Familia: ramnáceas)

De hasta 7 m, inerme, de corteza gris, caducifolio, de hojas ovadas a suborbiculares de hasta 11 cm. Flores pequeñas y verdosas que dan frutos, menores

de 1 cm, negros, con 2-3 semillas. Distribuido por gran parte de Europa, Asia y norte de África, frecuente en el tercio norte peninsular, y en el resto restringido a montañas. Vive frecuentemente en arroyos y sitios húmedos por toda la Sierra, enrareciéndose en cotas bajas. En roquedos hay formas arbustivas de hojas y tamaño pequeño.

Taray, taraje, tamarisco
Tamarix gallica L. (Familia: tamaricáceas)

Arbolitos o grandes arbustos de troncos retorcidos, hojas escuamiformes, alternas y caducas en invierno y flores muy pequeñas, rosadas, al final del invierno, imprescindibles para identificar, con dificultad, las distintas especies. Flores con 5 pétalos menores de 2 mm y 5 estambres unidos en la base en un disco carnoso estrellado, con los estambres continuando las puntas. Los racimos florales salen al final de los brotes del año. Son propios de terrenos húmedos, generalmente estacionales, de aguas carbonatadas o algo salinas. *T. gallica* se distribuye por el SO de Europa y norte de África, restringido en la sierra de Guadarrama a la zona caliza de San Agustín del Guadalix. También usada en jardinería. En zonas cercanas de la Sierra (Redueña), se cita **T. africana Poir**, con ramos floríferos que parten generalmente de ramas del año anterior.

Otros arbustos grandes como aligustre (*Ligustrum vulgare*), guillomo (*Amelanchier ovalis*), endrino (*Prunus spinosa*), cornejo (*Cornus sanguinea*), retama blanca (*Genista florida*), espino negro (*Rhamnus lycioides* y *Rh. oleoides*), no parecen incluibles en una guía de árboles, alcanzando a veces tamaño considerable, 3-4 m.

Arce, arce sicomoro, falso plátano

Acer pseudoplatanus L. (Familia: aceráceas)

Árbol caducifolio, del centro y sur de Europa y sudoeste de Asia, naturalizado en Europa septentrional, Australia y Tasmania. En territorio ibérico natural en su tercio norte, abundando especialmente en Asturias, Galicia y entorno. Cultivado como ornamental y frecuentemente asilvestrado, siendo difícil establecer su origen incluso donde es autóctono.

Alcanza hasta 30 m de altura. Corteza, gris, agrietada con la edad, desprendiéndose en placas escamosas. Hojas opuestas, palmeadas, de 6-23 cm, con pecíolo largo, divididas hasta la mitad del limbo en cinco lóbulos agudos, irregularmente dentados. Flores hermafroditas, amarillo-verdosas en largos racimos colgantes. Fruto formado por dos sámaras aladas de hasta 4,5 cm, dispuestas entre sí en un ángulo de 70-130o. Florece en abril-mayo, antes o poco después de la foliación, fructifica al final del verano. Savia dulce y potable. No debe confundirse con el plátano de paseo, de corteza verdosa que se desprende en placas polícromas y frutos en forma de bola pelosa.

Prefiere suelos frescos y profundos de vaguadas, riberas, laderas, barrancos con clima templado y húmedo. Puede dominar en facies de prebosque o pioneras de otros bosques caducifolios, o bien formar acerales permanentes en pedreras y torrentes, a menudo con *Fraxinus excelsior*.

En la sierra de Guadarrama asilvestrado en zonas frescas en ambiente de ribera (saucedas de *Salix atrocinerea*), bajo pinar albar y cerca de poblaciones, jardines y carreteras, entre 1000 y más de 1500 m. En Segovia: San Rafael, Garganta del río Moros, entorno de La Granja de San Ildefonso (arroyo del Jabalí, Mata de San Ildefonso, Puerta de Cossíos), arroyo de Peña Negra (Gallegos), etc. En Madrid: puerto de Malagón, El Escorial-San Lorenzo, valle de la Fuenfría, Cercedilla, El Paular, Lozoya, El Ventorrillo y Chorreras del arroyo Chiquillo (Navacerrada), Bustarviejo (antiguo vivero y arroyo de los Tejos, El Collado, etc.), puerto de Canencia, arroyo Berzosillo (umbría de sierra de los Porrones).

Arce menor
Acer campestre L.

Distribuido por Europa, oeste de Asia y Argelia, y naturalizado en Norteamérica. En la península Ibérica en su tercio norte (abunda más sobre calizas), bajando hasta Castellón y Cáceres; naturalizado en otros puntos y quizá en Portugal. De escasa talla, con hojas pequeñas, poco dentadas (algunas trilobuladas confundibles con *A. monspessulanum*), y sámaras en ángulo de separación muy obtuso. En la Sierra cultivado en jardínes como la Casita del Príncipe (El Escorial), y La Granja (Segovia), asilvestrándose en esta última zona, en torno a la Puerta de Cossíos.

Arce real
Acer platanoides L.

Distribuido por Europa, oeste de Asia y naturalizado en Norteamérica y parte de Europa. En España solo nativo en Pirineos. Hojas muy parecidas a las de *Platanus orientalis*. Cultivado y asilvestrado entre La Granja (también buenos ejemplares cultivados allí), y Valsaín.

Castaño
Castanea sativa Mill.

Es uno de los árboles ibéricos más grandes, corpulentos y longevos. Tronco retorcido en ejemplares añosos, con corteza estriada oblicua. Hojas de hasta 20 × 8 cm de largo y 8 de ancho, simples, caducas, alternas, lanceoladas y aserradas. Flores unisexuales, en el mismo árbol. Las masculinas en largos filamentos amarillentos con polen de aroma semejante al semen humano, saliendo las femeninas en su base; una vez fecundadas forman los frutos espinosos o erizos que envuelven las semillas, las castañas.

Vive de forma natural en lugares frescos y húmedos de suelos profundos, más abundante sobre sustratos ácidos. En la sierra de Guadarrama aparece en lugares propicios poco expuestos a sequía estival y rigor invernal. Evita las solanas, pues el adelantamiento de la foliación lo expone a heladas tardías primaverales, aunque en el vivero de Las Dehesas (Cercedilla, 1100 m), aguantan en invierno hasta -16 °C. Su potente sistema radical le permite rebrotar de cepa, pudiendo formar rodales tras talas o incendios. Interesante para la fauna, por sus frutos y refugio que brindan los viejos ejemplares. En zonas abiertas son corpulentos y producen más fruto que en montes densos, donde crecen más en altura.

Su origen es controvertido. Parecía que los romanos lo introdujeron en la península Ibérica desde Europa suroriental y Asia menor, pero los registros polínicos lo indican en turberas y yacimientos arqueológicos postglaciares y anteriores a la época romana, aunque habría dudas de que fuera autóctona del Guadarrama. Encontramos castañares en Zarzalejo y falda noreste de Las Machotas (bosque de la Herrería), y ejemplares en San Lorenzo de El Escorial (dehesas adyacentes, arroyo de los Castaños, Parque Forestal Miguel del Campo, fuente de la Teja, Arboreto Luis Ceballos, Monte Abantos —plantados con castañas en zona incendiada de Las Machotas—, Bustarviejo y convento de San Antonio (La Cabrera). En la vertiente segoviana plantados o naturalizados en pinares albares (El Espinar; Navas de San Antonio, San Rafael).

Algunos están protegidos y catalogados como Árboles Singulares por la Comunidad de Madrid, como los de Las Machotas I y II (uno de ellos casi seco), del Nido de Cigüeña en la avenida de la Serrana (Guadarrama), y el de La Acebeda, en el pueblo (225 años).

El castaño se cultiva —*sativa*: «cultivada»— por su madera, como ornamental, y sobre todo por las castañas, en invierno vendidas asadas a la brasa o entre ascuas, haciéndoles un corte para que no revienten. Son energéticas, ricas en almidón y flatulentas. Está la fiesta típica o magosto, en Gredos y todo el cuadrante noroccidental peninsular.

El castaño es altamente sensible a la tinta, enfermedad producida por los hongos *Phytophthora cinnamomi* y *P. cambivora*, que colapsan los canales conductores de la savia. Los castaños escurialenses están infectados, algunos se secaron, la producción de fruto se ha visto muy mermada y están debilitados por sequías prolongadas recientes. Otra enfermedad fúngica es el chancro o cancro, causado por el hongo *Cryphonectria parasitica*, pero en la Sierra no parece afectar. Se cultivan variedades clonales más resistentes a enfermedades.

Nogal
Juglans regia L.

Árbol caducifolio perteneciente a la familia de las juglandáceas, de hasta unos 30 m de alto, que puede hacerse corpulento y vivir cerca de 1000 años. El género *Juglans*, comprende unas 20 especies distribuidas de modo natural por el hemisferio norte, Asia y Sudamérica.

Es un árbol majestuoso querido por todos, no sólo por su utilidad sino por su porte y su elegancia, no en vano *Juglans* es una contracción lingüística de *Jovis glans* que significa «bellota de Júpiter», en alusión a las nueces. Su área natural más aceptada comprende el sureste europeo y Asia. Sobre el carácter autóctono o introducido del nogal en España, ha habido siempre mucha polémica, lo cierto es que nogales silvestres del género *Juglans* convivieron con la especie humana, en nuestro territorio, al menos hace unos 40.000 años, en el Pleistoceno Medio, según han demostrado estudios polínicos de la sierra de Atapuerca (algunos autores consideran la raza *J. hispanica* D. Rivera & al.)

Tiene tronco grueso y corteza gris plateada que se va agrietando con la edad. Ramas con médula tabicada, muy característica. Hojas imparipinnadas, con 3-5 pares de folíolos grandes y de margen entero. Flores unisexuales, las masculinas en largas espigas, y las femeninas muy pequeñas, sobre las que se forma el fruto, carnoso y verde, que luego se va agrietando y dentro contiene la nuez. Prefiere suelos fértiles, frescos y bien drenados, perjudicándole las heladas tardías.

La nuez tal cual se vende o la compramos no es ni el fruto completo, ni la semilla sola, su pared exterior pétrea es la capa media del fruto o mesocarpo y la telilla interior es el endocarpo, siendo la verdadera semilla el «cerebrito» que nos comemos. Como todo el mundo sabe las nueces tienen un gran valor nutritivo, con un contenido de grasas cercano de 60% y de proteínas de un 15%, además de glúcidos y diversas vitaminas y oligoelementos. El aceite de nuez es considerado de gran calidad dietética y también gustativa. Las nueces se recogen por Santa Teresa (15 de octubre)

Tradicionalmente cultivado en la sierra de Guadarrama, sobre todo en torno a pueblos y huertos, pero menos que en Ayllón y Gredos. En la vertiente madrileña se pueden mencionar, alguna vez abundantes, entre otros lugares en Madarcos, Braojos, La Acebeda, Lozoya, Bustarviejo (en dicho pueblo recogidas para las fuentes semilleras de la comunidad de Madrid), y en vegas de la vertiente segoviana. Se asilvestra ocasionalmente: La Pedriza (la Tortuga [cerca de Canto Cochino, incluso entre peñascos], Hueco de San Blas), arroyo Buitraguillo, dehesas de Villavieja de Lozoya, Bustarviejo, Gallegos, etc.

Hay nogales declarados singulares por la Comunidad de Madrid como el «Nogal de Lozoya» (circunferencia a 1,30 m: 3,65 m). Su madera es muy valorada, venían por los pueblos a comprar los árboles para la industria maderera, por eso quizás no queden ejemplares muy viejos. También muy apreciada las nueces como alimento, obteniéndose además nogalina de su cáscara. En la Sierra, como en otros lugares, también estaba extendido el mito de que su sombra es perjudicial.

Ocasionalmente se cultiva como ornamental un nogal norteamericano, *Juglans nigra* L., como junto al embalse del Pontón Alto (La Granja), con hojas de 15-23 pares de folíolos, aserrados y pequeños.

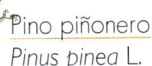

Pino piñonero
Pinus pinea L.

Árbol del entorno del Mar Mediterráneo, conocido y cultivado desde la antigüedad por lo que se duda del carácter espontáneo de algunas poblaciones. En la península Ibérica presenta masas naturales en el centro, este y sur, en arenales costeros o del interior, o en zonas graníticas más o menos arenizadas, como ocurre en el extremo suroeste de la sierra de Guadarrama, en Robledo de Chavela y las Navas del Rey, favorecido por el aprovechamiento del piñón. Como repoblado en La Camorza (Manzanares) y algunos pies escasos en otras plantaciones de pino, hasta 1350 m. Muy utilizado en jardinería y a veces asilvestrado en zonas bajas, como por ejemplo en La Cabrera. Especie termófila y muy tolerante a la sequía, sube poco en altitud, conviviendo con encinas, alcornoques, pino resinero, etc.

Es un pino de copa redondeada, con forma de parasol en ejemplares adultos por la poda de las ramas bajas. La corteza se va desprendiendo dejando placas de color ladrillo. Hojas grandes (10-20 cm), en pares, rígidas. Piñas grandes, redondeadas, con grandes piñones comestibles, con ala muy chica.

Pino negro
Pinus uncinata Ramond ex DC.

Árbol propio de los Alpes occidentales, Pirineos y sistema Ibérico (Soria y Teruel), donde forma los bosques que suben más en altitud. Introducido en la sierra de Guadarrama en zonas altas (1700-2000 m) o pequeños rodales en las plantaciones de silvestre, en Navafría, Collado Hermoso, La Morcuera, Cercedilla, Canencia, Manzanares, Miraflores (6 pies a 1300 m), etc.

Es un árbol piramidal, de tronco recto, grueso, adaptado a soportar el peso de la nieve y fuertes vientos, corteza grisácea, con hojas verde oscuro, en pares, cortas (3-8 cm), y piñas pequeñas (5-7 cm longitud), de color pardo algo brillante, con las escamas del lado soleado con un escudete muy prominente y ganchudo, coronado de un ápice también prominente (algunos pinos silvestres tienen piñas con escamas semejantes pero con el ápice romo y caras hundidas y mates).

Se naturaliza y llega a hibridarse con el pino silvestre, como ocurre en Canencia, dando el **Pinus × rhaetica** Brügger nothosubsp. rhaetica (=*P. × bolosii* Rivas-Mart. & cols.). **Pinus mugo Turra** es un arbusto similar, de color verde luminoso, procedente de las montañas de Europa central y los Balcanes, plantado en la sierra de Guadarrama en el Puerto de Malagón y en Canencia.

Pino carrasco
Pinus halepensis Mill.

Pino del entorno del mar Mediterráneo, muy tolerante a la sequía y preferentemente de sitios calizos. Propio de la mitad oriental de la Península, llegaría de forma natural al SE de Madrid. Poco tolerante al frío, ha sido escasamente utilizado en la sierra de Guadarrama, en plantaciones ornamentales como en la ermita de los Remedios, de Colmenar Viejo, y la de San Isidro, de El Molar. Hay un ejemplar grande y robusto cerca de la iglesia de Miraflores de la Sierra

Tiene el tronco frecuentemente tortuoso, corteza pardo-rojiza, ramas grisáceas y copa irregular, característicamente cargada de piñas. Estas son largas, de 5-12 cm, y con un pedúnculo de 1-2 cm. Las hojas también son largas (6-15 cm), finas y flexibles.

FRUTALES PLANTADOS (MANZANOS, PERALES, CEREZOS, GUINDOS…)

Aunque la sierra de Guadarrama no es una comarca frutícola, tradicionalmente se han cultivado pequeñas parcelas de frutales, o aislados en huertas y patios, en conjunto muy diversos, pero todavía mal conocidos, con variedades amenazadas de desaparición frente a las más recientemente difundidas. A veces se encuentran asilvestrados. Los principales fueron manzanos, perales y ciruelos, pero también guindos, melocotoneros, morales, e incluso termófilos como almendros, higueras y olivos en la rampa madrileña. Más raramente hallamos membrillos (*Cydonia oblonga* Mill.) y jerbos (*Sorbus domestica* L.). Otros llegaron recientemente, como el níspero japonés (*Eryobotria japonica* (Thunb.) Lindl.).

Algunos frutales son de cultivo muy antiguo, originados por hibridación de varias especies distintas, lo que provoca que sean muy diversos y en ocasiones de difícil diferenciación, por lo que muchas veces no son identificados correctamente. Las variedades botánicas (con nombre en latín), son categorías más amplias que las variedades hortofrutícolas (con nombre en idiomas actuales), generalmente clones reproducidos por injerto.

Cydonia oblonga

Manzano, pero
Malus domestica Borkh.

Árbolillo de hasta 10 m, de copa redondeada, dependiente del tipo de poda al que se somete. Ramillos no espinescentes, pubescentes a glabrescentes. Caducifolio, con hojas alternas, elípticas, de 2-7 × 1-4 cm, de margen aserrado, mates. Flores en ramilletes, de pétalos blancos o rosados, anteras amarillas, dan lugar a las manzanas, de forma, tamaño, color y sabor variable.

Los manzanos se diferencian de los maíllos, además de por los frutos, por la mayor pelosidad en todas sus partes (ramillas, yemas, envés, pedicelos).

La denominación «pero» parece referirse a manzanas más altas que anchas, mientras las manzanas más típicas son de forma algo aplastada, pero no es una regla fija. Entre las variedades tradicionales encontradas en la zona de la Sierra Norte madrileña están: camuesa, chapa, reineta, verde doncella, de pepita melón, pero real o pero de la Hiruela.

Peral
Pyrus communis L.

Árboles grandes de hojas de 5-8 cm de longitud, redondeadas a estrechamente oblongas, con dientes diminutos y redondeados, o sin dientes, con haz verde oscuro y más lustroso que en los manzanos, algo pelosas al brotar. Flores en corimbos, con anteras rosadas o rojizas. Frutos muy variables según variedades.

Entre las variedades señaladas en la Sierra están las de Don Guindo, de invierno, mantecosas, de san Juan, de Roma, etc. Su madera es valorada por ser de alta calidad. Una especie muy próxima, conocida silvestre de Europa central y encontrada muy rara cultivada en la Sierra (Bustarviejo, San Mamés) es el **peral de las nieves (*P. nivalis* Jacq.)**. Se diferencia por las hojas peludas y plateadas al brotar (árboles llamativamente blancos en la floración), con pelos caedizos especialmente por el haz, de estrechamente redondeadas a lanceoladas y más o menos sin dientes; yemas tomentosas; estilos vellosos en la base y frutos pequeños redondeados, cortamente pedunculados.

Ciruelo
Prunus domestica L.

Ciruelo cascabelillo, mirabolano, mirobálano
Prunus cerasifera L.

Los ciruelos cultivados son de compleja clasificación, al ser *P. domestica* de origen híbrido, por lo menos a partir de *P. cerasifera* y *P. insititia*, tendiendo más a uno u otro según las variedades. Un ejemplo es la ciruela moscatel, de Valdemanco. El ciruelo claudio (var. *italica* Borkh.), parece más cercano a *P. insititia* por sus brotes aterciopelados, hábito rizomatoso, hojas pubescentes por el envés y frutos con pruina, sin descartar que tenga algo de híbrido. Se han citado otras variedades de *P. domestica* en la Sierra, pero su encuadre en esta especie o en *P. insititia* no se ha estudiado.

El ciruelo cascabelillo tiene ramillos lampiños y brillantes, rojizos en la cara soleada, finos, hojas pequeñas (3-7 cm), más anchas por debajo de la línea media, con pelillos en las ramificaciones de los nervios por el envés, floración precoz (anterior en 2-3 semanas a los endrinos y ciruelos), y ciruelas redondas, de hasta 3 (4) cm, sin pruina, rojizas o amarillentas y con moteado (var. *cerasifera*). Cultivado por lo menos en Valdemanco y Bustarviejo (casi abandonado ya), y asilvestrado en Rascafría. Como cultivo ornamental se ha introducido variedades de hojas púrpuras como la var. *atropurpurea* Dipel, normalmente injertados en otra variedad del mismo, la var. *divaricata* (Leded.) C.K. Schneider, de hojas verdes y frutos amarillos, pequeños e incomestibles. Ambas a veces se asilvestran cerca de jardines.

Cerezos cultivados, *Prunus avium* L.
Guindo, guindo rabioso, *Prunus cerasus* L.
Guindo garrafal, *P.* × *gondouinii* (Poiteau & Turpin) Rehder

Guindo *P. cerasus*

Los cerezos cultivados son muy semejantes a los silvestres (*Prunus avium* L. var. *avium*), pero de fruto mayor, más dulce y hojas más o menos colgantes. En la sierra de Guadarrama habría cerezos garrafales (var. *duracina* L.), de frutos rojizos o amarillentos, ovales y algo aplastados, de pulpa firme y descolorida, y cerezos mollares (var. *juliana* L.), de frutos globosos, carne blanda y rojiza.

Los guindos (*P. cerasus*), son arbustivos, normalmente formando masas por reproducción vegetativa (los chupones son muy raros en los cerezos), caracterizadas por carecer de las (1)-2 glándulas en el peciolo junto al limbo de la hoja, todo lo más las glándulas del ápice de los dientes basales algo más desarrolladas, corteza sin las largas lenticelas transversales al tronco propias de los cerezos, y frutos redondos, de carne blanda, ácidos y algo amargos. Era utilizado para elaborar aguardiente de guindas. Se encuentra silvestre en setos de prados, arroyos y antiguas huertas, por lo que su origen es incierto.

Como cultivo raro se encuentra el híbrido entre el cerezo y el guindo, el guindo garrafal (*P.* × *gondouinii*). Es arborescente y con abundantes chupones, tiene las guindas algo acidulas y con largos pedúnculos, y los dientes de las hojas más grandes que en los parentales.

Melocotonero
Prunus persica (L.) Batsch

Frutal de pequeño porte, poco longevo, caracterizado por sus hojas largas y estrechas (hasta 15 × 3 cm), al brotar plegadas (no enrolladas), y peciolo corto. Flores rosas y fruto grande con hueso profundamente asurcado-alveolado. Se distinguen varias variedades según la consistencia de la carne y su adherencia al hueso, la pubescencia de la piel o la forma. En los melocotones o duraznos (*P. persica* var. *persica*) son grandes, globosos, de piel aterciopelada y carne compacta, adherida al hueso. En la Sierra se encuentran de forma tradicional más frecuentemente (siendo en conjunto escasos), ejemplares del grupo de los abridores (var. *domestica* Risso), de carne no adherente al hueso. Otras variedades probablemente inexistentes hasta la actualidad son las paraguayas, nectarinas y fresquillas. También se puede encontrar algún **albaricoquero** (*Prunus armeniaca* L.).

Almendro
Prunus dulcis L. [*Amygdalus communis*]

Frutal longevo, de hojas largas y estrechas como el melocotonero pero más cortas y de peciolo largo (1-3 cm), flores rosa pálido o blancas, precoces (ya en febrero), y fruto con piel pelosa y de carne al madurar seca y caediza, dejando libre la semilla (almendra) con la cáscara, el almendruco. Cultivo tradicional en la rampa madrileña, muy abundante en El Molar, también introducido como ornamental. Los ejemplares asilvestrados, caso de darse en la zona, suelen dar almendras amargas. Además, su madera es muy valorada.

Higuera
Ficus carica L.

Árbol o arbusto grande, de copa amplia, corteza gris poco agrietada y hojas grandes y de lóbulos palmeados más o menos profundos, ásperas. Frutos peculiares, los higos, por ser envolturas con un poro apical que encierran las flores. En la mayoría de las variedades actuales los frutos son partenocárpicos (se desarrollan sin fecundación de las flores), pero en las variedades antiguas o silvestres la fecundación es compleja y realizada por una avispilla que se desarrolla parasíticamente dentro de las flores. Cultivado en zonas bajas y soleadas y a veces asilvestrado en roquedos, donde no está claro si hay ejemplares de la variedad silvestre (*var. caprificus* Risso), y ni siquiera si esta merece una categoría taxonómica. Un ejemplar ya desaparecido de El Escorial estaba catalogado como Árbol Singular.

Moral, morera
Moral, *Morus nigra* L.; Morera, *Morus alba* L.

El moral es un árbol de tronco retorcido, corteza agrietada y hojas también grandes, ásperas y acorazonadas, a veces (en rebrotes) algo lobuladas. El fruto es una mora grande (2-3 cm), muy jugosa. Introducido por los árabes en la Península, según crónica de la época. Hay grandes ejemplares como los del Sifón del Morenillo en El Molar y el de Los Robles de Chapinería, (Árboles Singulares por Decreto 18/1992), el de la Cañada en Bustarviejo, «morera de las Ensanchás», el de Las Huelgas en Miraflores (Árbol Singular por orden 68/2005), y en Redueña. Como cultivo ornamental se ha introducido principalmente la **morera (*M. alba* L.)**, de hojas casi lisas y moras pequeñas e insípidas.

Olivo
Olea europaea L.

Arbolito perennifolio de hojas opuestas, lanceoladas, verdes por el haz y blanquecinas por el envés. Fruto, la aceituna muy conocida. Muy longevo, hablándose de olivos milenarios. Su cultivo tradicional se mantiene principalmente en las cuestas calizas solanas de la rampa madrileña, llegando como pequeños rodales hasta Cabanillas de la Sierra. La raza silvestre, el acebuche (*var. sylvestris* (Mill.) Lehr), de aceitunas pequeñas y hojas de envés amarillento, llega hasta los roquedos solanos y de zonas muy bajas al suroeste de la sierra de Guadarrama, en Navas del Rey junto al Alberche en Aldea del Fresno y embalse de Picadas, a menos de 600 m.

Chopo canadiense, chopo, chopo híbrido

Populus × canadensis Moench [= *P.* × *euroamericana* (Dodé) Guinier]

Árbol procedente del cruce de *Populus nigra* con el norteamericano *P. deltoides,* del que se obtienen diversos clones seleccionados para obtener madera de embalajes o pasta de papel.

Árbol de crecimiento muy rápido, corpulento cuando se le deja, pero menos longevo que *Populus nigra*. Se caracteriza frente a éste por su tronco sin abultamientos, con las hojas ovado-deltoideas, de margen con algunos cilios al brotar y generalmente con glándulas nudosas en la base, y brotes largos con costillas, generalmente poco marcadas en toda su longitud. Suelen ser clones hembra que liberan abundantes semillas en masas de algodón a principios del verano (en primavera en *P. nigra*).

Especie plantada generalmente de forma dispersa junto a los cascos urbanos o en áreas recreativas (como la del río Samburiel), raramente en prados (por ejemplo en el Arroyo del Espino de Colmenar Viejo).

Usado en plantaciones ornamentales y tal vez para aprovechar su ramón en prados. No existen en la sierra de Guadarrama las grandes plantaciones de este híbrido, tan frecuentes en cotas inferiores.

El chopo de Fuentelasyeguas de El Escorial y uno de Oteruelo del Valle cercano al río Lozoya están catalogados como árboles singulares de Madrid (Decreto 18/1992). El primero ha alcanzado una altura de 18 metros y un perímetro en su tronco de 6,10 metros y se le estima una edad de 125 años. El segundo se alza hasta 26,5 con 4,5 m perímetro de tronco y unos 150 años. El «Chopo de Fuentes Viejas» fue descatalogado por su mal estado. Esta especie exótica supone un riesgo de contaminación genética de los chopos autóctonos. En la vertiente segoviana es también muy abundante.

Chopo de California

Populus trichocarpa Torr. & A.Gray

Árbol de hasta 40 m (en Europa), procedente del oeste de Norteamérica donde alcanza tamaño gigantesco (hasta 70 m). Introducido escaso en Valsaín (Boca del Asno, Los Asientos) y en el Campo de Polo (La Granja), donde fue citado como *P. simonii* Carrière, especie del N de China sólo vista en jardines. Tiene copa estrecha, con ramas empinadas, corteza plateada con surcos someros y próximos, ramillas de los macroblastos (brotes largos) de sección angulosa. Yemas pegajosas y hojas variablemente triangulares, ovales o acorazonadas de 10-25 cm de largo con el envés de un color blanco metálico. La resina de las yemas es muy olorosa, especialmente en primavera. Presenta cierta reproducción vegetativa que le permite ampliar su lugar de implantación.

Sauce llorón
Salix babylonica L.

(Incluido *S.* × *sepulcralis* Simonk. var. *chrysocoma* Dode y el híbrido con *S. alba* var. *vitellina*)

Sauce procedente de Asia, se caracteriza por las ramas péndulas y de hojas semejantes a *S. fragilis*, pero de hasta 10 cm, con pelos en nervio medio por el envés y sin glándulas en la unión del limbo con el peciolo. La variedad *chrysocoma* conserva en hojas adultas algo de indumento sedoso y tiene las ramillas amarillentas. Estos sauces son frecuentes en jardinería. Un ejemplar de esta especie en el Monasterio del Paular, ya fallecido, estaba catalogado como Árbol Singular (Decreto 18/1992). Hay también algunos ejemplares plantados en el arroyo de Chozas junto a la depuradora de Soto del Real. Es parecido *S. matsudana* var. *tortuosa Hort.* f. *tortuosa* Rehder, de ramas tortuosas, pero poco plantado.

ALÓCTONOS INVASORES

Pertenecen a diferentes familias botánicas y son especies alóctonas, naturalizadas en muchas provincias de España, y en gran parte del mundo. Poseen eficaces sistemas de reproducción y propagación (gran capacidad de germinación de semilla, brote de cepa, rápido crecimiento, gran amplitud ecológica). Además son resistentes a enfermedades, podas, contaminación. Favorecidas por su uso ornamental, en medios urbanos y jardines, con poco valor aparte de ese. Tienen potencial dañino para desplazar a especies autóctonas, y se catalogan en el *Atlas de las plantas alóctonas invasoras en España*. Y de los árboles autóctonos españoles *Acer pseudoplatanus* también parece tener cierto carácter invasor aquí, sobre todo en San Rafael-El Espinar.

Árbol del cielo, ailanto, «camote», «malhuele»
Ailanthus altissima (Mill.) Swingle

Pertenece a la familia simaroubáceas y originario del sudeste asiático. En la Sierra común en zonas bajas bien iluminadas. En San Lorenzo de El Escorial hay plantaciones de 1916 (Fuente de la Teja, Llanillos Altos…), asilvestrándose en torno al Arboreto Luis Ceballos y Parque Forestal Miguel del Campo.

Raramente supera los 30 m. Tronco gris, columnar y liso. Hojas caducas, compuestas, alternas, grandes, con rabillo de hasta 1 metro (usados como látigos por los niños), con número impar de folíolos (imparipinnadas), de margen irregular. Flores masculinas y hojas malolientes al estrujarlas (llamado mal huele en Collado-Mediano). Flores que suelen ser unisexuales, masculinas y femeninas en diferentes pies de planta. Frutos alados tipo sámara.

Asilvestrado en cunetas, baldíos, muros, laderas de solanas, taludes de carretera y alcantarilas, pudiendo provocar daños. Es tóxico, puede provocar dermatitis por contacto y problemas gastrointestinales e intoxicaciones al ganado.

Falsa acacia, robinia, acacia, alcacia
Robinia pseudoacacia L.

Pertenece a la familia de las leguminosas, que incluye desde hierbas hasta árboles. El género *Robinia* es norteamericano, contando de unas diez especies.

Puede alcanzar 25 m. Corteza gris y agrietada. Hojas caducas, alternas, espinosas en la base del rabillo, compuestas por 3-11 folíolos (imparipinnadas), de contorno ovalado, redondeado y entero o de margen escotado en el ápice. Las flores nacen en junio en racimos colgantes vistosos, aromáticos y blancos (a veces consumidas con el nombre «pan y quesillo»). Legumbres pardo oscuras, de 3-12 cm de largo, aplanadas, que pueden resultar tóxicas para el ganado.

En la Sierra plantada profusamente como ornamental. Indiferente al tipo de suelo, le dañan las heladas fuertes. Asilvestrado en vertiente madrileña del puerto de Guadarrama, San Lorenzo de El Escorial (Fuente de la Teja y área recreativa El Tomillar), carretera Cerceda-Villalba, y La Granja (Segovia).

Olmo siberiano, olmo
Ulmus pumila L.

De la familia de las ulmáceas, es asiático, siendo considerado más resistente a la grafiosis que *U. minor*. De porte mediano. Hojas pequeñas, de 2-5 cm de largo, y de rabillo de hasta 1 cm, caducas, alternas, serradas, ovaladas y con base más o menos simétrica, a diferencia de otros olmos. Flores numerosas, sentadas sobre las ramillas, casi sésiles, saliendo antes que las hojas. Frutos alados en sámaras con semilla central.

Crece en todo tipo de suelos, incluyendo solares y baldíos, aunque prefiere sustratos fértiles, ligeros y removidos. Abunda asilvestrado en cunetas de la carretera del valle del Lozoya (Garganta), y se hibrida con *U. minor* en Bustarviejo (cerca de El Collado).

OTRAS ESPECIES ARBÓREAS ALÓCTONAS CULTIVADAS, PLANTADAS EN JARDINES, PASEOS Y PROPIEDADES

Importantes colecciones de árboles venidos de fuera y plantados de antiguo, mientras que otras especies menos valoradas se cultivan recientemente.

Hay muchos jardines históricos y no históricos, a menudo con árboles, grandes y declarados monumentales o singulares, como los jardines de San Lorenzo de El Escorial, La Granja de San Ildefonso, incluido El Jardinillo, Riofrío o El Paular. Además hay antiguas colonias de vacaciones, primeras urbanizaciones serranas, privadas, con arbolado valioso, sobre todo coníferas, en chalés señoriales: San Rafael, Valsaín, San Ildefonso, Cercedilla, Navacerrada, Miraflores.

También hay viveros históricos, creados a finales del XIX y primeros del XX (la mayoría abandonados), donde quedan algunos ejemplares arbóreos exóticos valiosos hoy, procedentes de repoblaciones experimentales antiguas o de prácticas de los primeros ingenieros de montes: puerto de Canencia, Monte de Escorial, Abantos, Valsaín, Lozoya (La Acebedilla), Navafría. Es tema interesante y muy desconocido en el que habría que profundizar. Luego están los Arboretos, como el Luis Ceballos (El Escorial), o el de Giner de los Ríos (Rascafría).

Aportan un conjunto de atractivos botánicos excelentes, complementarios de la visita a Guadarrama, también con los árboles como protagonistas, con oportunidad de aprender y contemplar especies venidas de todo el mundo, aunque todas propias de climas templados.

Imposible ser exhaustivos, pues se necesitaría otro libro sólo para esto, pero enumeraremos brevemente los datos más relevantes. Diferenciamos dos bloques, entre coníferas y frondosas ornamentales.

Para información más detallada sobre árboles monumentales declarados en la Comunidad de Madrid véase CANTERO & LÓPEZ LILLO (1995), y para Segovia, SANZ ELORZA (2000), y la *ORDEN MAM/1156/2006, de 6 de junio, Catálogo de especímenes vegetales de singular relevancia de Castilla y León*. B.O.C. y L. - Nº 138 de 18 de julio 2006.

De los Arboretos citados, consúltese en la *web* o el la bibliografía los listados de especies vivas que contienen, así como las condiciones de visita. Los jardines de la Granja y de El Escorial merecen por si solos visitas exclusivas para conocer su arbolado, existen listados del Patrimonio Nacional, aunque anticuados y de difícil acceso. En estos Jardines, únicos en España, podemos ver una cantidad enorme de especies, antiguas o plantadas recientemente, no abordadas por ser imposible profundizar aquí en este tema: árbol de Júpiter, parrotias, loros, cerezo laurel, nogal americano, avellano turco, magnolias, pino de Himalaya, pino canario, araucarias, y un largo etcétera.

I) CONÍFERAS EXÓTICAS ORNAMENTALES.

Hay conjuntos muy importantes en todos los sitios citados, con una buena cantidad de árboles monumentales, declarados o no.

CUPRESÁCEAS ORNAMENTALES

- **Cipreses**. El ciprés común, *Cupressus sempervirens* L., en cementerios de algunos pueblos, como árbol simbólico y ornamental, poco abundante. Hay ejemplares viejos y valiosos.
- Otros se cultivan esporádicamente en jardines y repoblaciones, principalmente arizónicas, *Cupressus arizonica* Greene var. *glabra* (Sudworth) Little, de bello follaje grisáceo azulado, en urbanizaciones modernas, setos y en plantaciones de la zona basal casi siempre en cara sur (asilvestrado por collado de Quebrantaherraduras, Manzanares el Real). M**ás raros son** *C. lusitanica* Mill., y *C. macrocarpa* Hartw. ex Gordon. Recientemente estos cipreses de origen norteamericano se han incluido en el género *Hesperocyparis*.

Chamaecyparis lawsoniana

Calocedrus decurrens

- Ciprés de Lawson, *Chamaecyparis lawsoniana* (A. Murray) Parl. Destacan los del vivero forestal de La Acebedilla o Cebedilla (Lozoya), dos declarados singulares, junto con otro situado próximo antes de cruzar el Aº de Navarejo. Otros importantes en: Dehesas de Cercedilla, Monte Abantos, San Rafael, etc.
- Ciprés de Leyland: × *Cupressocyparis leylandii* (Dallim. & A. B. Jaccks) Dallim. (*Chamaecyparis nootkatensis × Cupressus macrocarpa*). En jardines y en el Hueco de San Blas (Soto del Real), con arizónicas.
- Cedro rojo, calocedro o libocedro, *Calocedrus decurrens* (Turr.) Florin. Escaso. Dos buenos ejemplares declarados singulares en la Residencia El Parque (Cercedilla).
- Tuyas, *Thuja orientalis* L. (= *Platycladus orientalis* (L.) Franco), *Th. occidentalis* L., *Th. plicata* D. Don, por ejemplo en los jardines de la Granja donde hay ejemplares maravillosos de *Th. plicata* o en San Rafael.

PINÁCEAS ORNAMENTALES

En Guadarrama hay cuatro pinos autóctonos, se cultivan en repoblaciones y como ornamentales y también otras especies. Se cultivan mucho más cedros y abetos.

- **Pinos**. Como ornamentales se plantan mucho *Pinus pinea, P. sylvestris* y a veces *P. halepensis* y *P. pinaster* (Véanse sus fichas).
  - Rodales experimentales con fines forestales, de *Pinus uncinata* Ramond ex DC. (pino negro), *P. ponderosa* Douglas ex C. Lawson (pino de Oregón) y *Pinus radiata* D. Don [= *P. insignis* Douglas; pino de Monterrey], los dos últimos norteamericanos. De este último hay una plantación en Hoyo de Manzanares con unos 50 ejemplares. El pino de Oregón tiene también acículas dispuestas de tres en tres, como *P. radiata*, habiendo pequeñas plantaciones cerca del Puerto de la Morcuera, Canencia, Bustarviejo, Monte Abantos (El Escorial), en la vertiente segoviana cerca de La Losa y Ortigosa, etc.
  - En los jardines de El Escorial existen ejemplares notables de otros pinos norteamericanos muy raros como *Pinus coulteri* D. Don, *P. jeffreyi* Balf., *P. sabiniana* Douglas ex D. Don, o *P. strobus* L. (Casita de Arriba o del Infante), plantados también experimentalmente en Monte Abantos. La mayoría de estas especies exóticas son producto del establecimiento en esta localidad de la primera Escuela de Ingenieros de Montes del país, entre 1871 y 1914. Algunos están declarados árboles singulares en Madrid, como el Pino de Lord Weymouth de la Acebedilla (*Pinus strobus*), localizado en este antiguo vivero (2,25 m de circunferencia normal, perímetro a 1,30 m). Otro de ellos, *Pinus rigida* Mill., se introdujo en el pinar de Paredes de Buitrago fuera de

los límites serranos. De *Pinus canariensis* C. Sm. ex DC., hay un pié joven en los jardines de la Granja (Caja de las Flores), también allí y por Cercedilla hay *P. wallichiana* A.B. Jacks., y *P. contorta* Douglas en Las Calderuelas (Rascafría).

- **Abetos.** Son llamados todos en general «abetos», sin distinciones. La costumbre de usarlos como árbol de Navidad está arraigada, sobre todo *Picea abies* («abeto de Navidad»), algunos son comercializados para este fin.
  - Abeto blanco, *Abies alba* Mill. En la Sierra solo lo conocemos en los arboretos.
  - Pinsapo, *Abies pinsapo* Boiss. Hay muchos ejemplares elegantes, destacando varios ejemplares monumentales en Cercedilla, Miraflores, San Rafael, subida al puerto de Malagón (San Lorenzo de El Escorial) y El Escorial, sobre todo los de La Casita del Príncipe. Declarado singular en Segovia el Pinsapo del Potosí (La Granja. Parterre de la entrada).

  - Abeto turco o del Cáucaso, *Abies nordmanniana* (Steven) Spach. Escaso. Destacan 2 ejemplares muy buenos en la Casita del Príncipe, además del ejemplar monumental de Peña Alta, en el área recreativa homónima, en el km. 6,9 de carretera del Puerto de Lozoya, junto con buenos alerces (*Larix decidua*).
  - Abeto rojo o falso abeto, *Picea abies* (L.) H. Karst. Muy plantado como árbol de Navidad en chalés y urbanizaciones. Destacan dos buenos ejemplares monumentales en los antiguos viveros forestales de La Acebedilla (Lozoya). Hay rodales plantados en umbría sobre Canencia por ejemplo.

- Abeto de Douglas, *Pseudotsuga menziesii* (Mirb.) Franco, oriunda de la costa pacífica norteamericana (selvas costeras frías de coníferas). Característico olor a limón al frotar sus hojas y ramillas. Piña muy bella y extraña. Ejemplares dispersos y rodales en antiguos viveros abandonados, algunos de buena talla, e incluso hay regeneración espontánea por ejemplo en subida al puerto de Lozoya por el río desde el pueblo. Destacan los rodales del puerto de Canencia, del puerto de Lozoya/Navafría o en San Lorenzo de El Escorial. Tres pies monumentales en los antiguos viveros forestal de La Acebedilla (subida madrileña del puerto de Navafría desde Madrid, desviándose en el km. 9,3). Declarado singular en Segovia el Abeto del Dragón (La Granja. Fuente de los Dragones).

- **Cedros.** Las coníferas más plantadas en jardines, parques rurales y urbanizaciones desde antaño. A veces la gente les llama «pinos» y los confunde con aquellos.
  - *Cedrus atlantica* (Endl.) Carrière. Declarados singulares ejemplares en La Granja (Parterre de Andrómeda), y Segovia capital (Cedro de la plaza de la Merced).
  - *Cedrus deodara* (Roxb.) G. Don. El más frecuente.
  - *Cedrus libani* A. Rich. Declarados singular un ejemplares en La Granja (Parterre de Andrómeda).
  - Posible presencia de híbridos entre las especies anteriores (*C.* × *libanotica* Link).

Hay repoblaciones de carácter forestal en el Monte Abantos y ejemplares en La Pedriza. Destaca entre otros el ejemplar único de *Cedrus libani* de la Casita de Arriba o del Infante, declarado singular. La conífera más hermosa del Jardín de La Granja, es el cedro del Líbano del Parterre de Andrómeda, entre dos secuoyas, que ya citaba el gran Castellarnau. En el Jardinillo de La Granja se asilvestraban antiguamente, o al menos salían plántulas.

- **Alerces.** *Larix decidua* Mill. Algunos en la subida madrileña del puerto de Navafría (arroyo Navarejo), con cipreses de Lawson, y en la vertiente segoviana junto a la casa de peones camineros, procedentes de repoblaciones antiguas de viveros experimentales. En La senda de El Trampalón (San Lorenzo de El Escorial), varios ejemplares con hayas. En Canencia destaca el *Alerce de Mojonavalle*, declarado monumental, por encima del arroyo del Sestil del Maíllo en un prado, plantado en 1910, tiene 1'80 m de perímetro normal.

- **Tsugas.** *Tsuga heterophylla* (Raf.) Sarg. Citado en bosquete 28 del paraíso botánico de los jardines de La Granja, muy raro en nuestras latitudes.

TAXODIÁCEAS ORNAMENTALES (FAMILIA DE LAS SECUOYAS)

- **Secuoyas.** *Sequoiadendron giganteum* (Lindl.) Buchholz. Hay bastantes secuoyas plantadas en jardines históricos y casas señoriales, como en Cercedilla, Miraflores, El Escorial o San Rafael. Sobresalen los de la entrada del Parterre de los Jardines de la Granja, uno, a la derecha podría ser el más grande plantado en este país con 18 m de perímetro en la base del tronco (¡), al parecer plantado sobre 1880. También hay secuoyas muy grandes en la Casita del Príncipe y en la del Infante (El Escorial, 2 declaradas singulares). También en Miraflores en chalés privados, pero alguna ya ha muerto. En Segovia declaradas singulares: «La Reina» (La Granja. Alameda del Medio); Sequoia de Andrómeda (La Granja. Parterre de Andrómeda); El Espinar (Casa Forestal de «Las Campanillas»). Plantada a veces en plantaciones forestales experimentales, asilvestrándose en pinar de silvestre en bajada del puerto del León (San Rafael). Allí se asilvestran también el raro abeto *Picea omorika* (Pančić) Purk., y ciprés de Lawson, *Chamaecyparis lawsoniana*.

  - Ejemplares de secuoya roja, *Sequoia sempervirens* Endl., no conocemos apenas, ni siquiera en los jardines de La Granja, salvo quizás en los arboretos.

  - Hay una *Cryptomeria japonica* (L.f.) D. Don, en los Jardines de La Granja, en la llamada Caja de Flores.

ARAUCARIÁCEAS.

Por ejemplo un pie de *Araucaria araucana* (Molina) K. Koch, en jardines de La Granja.

2) FRONDOSAS EXÓTICAS

Existen en casi todos los rincones de la Sierra con influencia humana. Hay muchas especies, pero citamos sólo las que recordamos como más importantes y valiosas. Las colecciones no son tan espectaculares como las de coníferas, salvo algunos ejemplares.

- **Acacias.** Aparte de la *Robinia pseudoacacia*, tratada al hablar de las invasoras, destacan *Gleditsia triacanthos* L. acacia de tres púas, y *Sophora japonica* L., acacia del Japón, muy frecuentes.
- **Árbol del amor.** *Cercis siliquastrum* L. Escaso. Hay ejemplares en San Lorenzo de El Escorial; uno monumental en un kiosko frente al monasterio y declarado singular por la Comunidad de Madrid.
- **Arces.** Es muy común en zonas urbanas *Acer negundo* L. o arce de Manitoba, originario de Canadá y Estados Unidos, en calles y plazas, de escaso valor ornamental y resistente a la contaminación.
- **Carpes.** *Carpinus betulus* L., sobre todo en los jardines de La Granja donde incluso se han usado para setos de recorte, llegando a asilvestrarse cerca.
- **Castaños de Indias.** *Aesculus hippocastanum* L. Cultivado frecuentemente en parques, jardines y calles. Hay ejemplares muy notables en El Escorial y en La Granja (asilvestrado en pinar próximo), Segovia capital, etc., junto con otras especies de *Aesculus*.
- **Eucaliptos.** *Eucalyptus globulus* Labill., *Eucaliptus camaldulensis* Dehnh. Algún ejemplar plantado en zonas abrigadas, pero en general se hielan en invierno. Usada la hoja para vahos balsámicos anticatarrales.
- **Fresno americano**. *Fraxinus pennsylvanica* Marshall. Introducido en áreas recreativas y repoblaciones descuidadas, probablemente por el fresno autóctono, como en la Dehesa de Soto, márgenes embalse de Pinilla, etc.
- **Laurel**. *Laurus nobilis* L. Cultivado tradicionalmente por sus hojas condimentarias, del que solía haber algunos ejemplares en cada pueblo y actualmente más introducido como ornamental. La rama era usada como ramo protector en el Domingo de Ramos en algunas localidades.
- **Plátanos, plataneros.** *Platanus* × *hispanica* Mill. ex Münchh. [= *P. orientalis* var. *acerifolia* Aiton]. Cultivado en parques, jardines y plazuelas de muchos pueblos y ciudades. Es un árbol de sombra muy conocido y usado, como en todas partes.
- **Prunus.** Se plantan otros *Prunus*, el ciruelo japonés (*P. cerasifera* Ehrh.), el mirobálano púrpura (*P. cerasifera* var. *pissardii* (Carrière) L. H. Bailey; = *P. cerasifera* var. *atropurpurea* H. Jaeger), el cerezo japonés (*Prunus serrulata*

Lindl.), etc. Hay loros (*P. lusitanica* L.), y cerezos laureles grandes (*P. laurocerasus* L.), al menos en los Jardines de la Granja. En el Arboreto Giner de los Ríos (El Paular, Rascafría), hay unos preciosos *P. serrula* Franch. («cerezo de cobre»), originarios de China.

- **Roble carballo o pedunculado**. *Quercus robur* L. No parece llegar a Guadarrama de forma natural el **roble pedunculado** (*Q. robur*), citado en la Dehesa de Somosierra y varios puntos de la sierra de Ayllón, donde incluso se ha señalado la especie próxima *Q. orocantabrica* (descrito en 2002 de León), que tal vez sea una subespecie de *Q. robur* o un simple ecotipo o forma suya de alta montaña. Fue plantado desde los tiempos de Felipe II en el Escorial y La Granja, y existen ejemplares procedentes de bellotas del parque del Oeste en Madrid al norte del casco urbano de Bustarviejo, plantados en los años 80 del pasado siglo. También presente en arboretos serranos: Giner de los Ríos (Rascafría), Luis Ceballos (El Escorial) y Máximo Laguna (Valsaín). Hay citas guadarrámicas cuestionables como supuestamente natural. También podrían encontrarse otras especies de robles exóticos, como robles americanos (*Quercus rubra* L., *Q. palustris* Moench y otras), plantados con seguridad en arboretos y algún chalé.

Tilo

- **Tilos**. *Tilia platyphyllos* Scop. y *T. cordata* Mill. Conocidos por la mayoría de la gente, que usa la tila (flor) como sedante, ya sea cogida del árbol o comprada. Plantados mucho como ornamentales en la Sierra, y asimismo el intermedio entre los anteriores, *T. × vulgaris* Hayne, y el tilo griego o del Este, *T. tomentosa* Moench. Destacan los ejemplares de la Finca El Castañar, en La Herrería, con ejemplares monumentales y el Paseo de los Tilos (El Escorial). También hay muchos en La Granja y sus jardines.

- De plantación reciente en casas, chalés y jardines particulares podríamos encontrar *Ginkgo*, *Catalpa*, *Liquidambar*, *Melia*, *Magnolia*, *Koelreuteria*, *Parrotia*, *Lagerstroemia*, *Elaeagnus*, *Trachycarpus*, frutales ornamentales y otros, como en muchos lugares no serranos. Véanse también los abordados en las fichas anteriores como introducidos.

BIBLIOGRAFÍA

ANTHOS (Proyecto); *Sistema de información sobre las plantas en España*. Ministerio de Medio Ambiente. Fundación Biodiversidad. Real Jardín Botánico, CSIC. <http://www. programanthos. org> (consultado en diciembre de 2014).

BAONZA, J. *Flora de la sierra de Guadarrama. Estudio y conservación de la flora vascular de la sierra de Guadarrama y territorios serranos limítrofes*. http://florasierraguadarrama.blogspot.com.es.

BAONZA, J. & F. MARTÍNEZ GARCÍA (2013). Notas florísticas de la sierra de Guadarrama (Madrid, Segovia). *Ecología* 25: 137-174.

BERNAL, R. (2015). *Quejigos y otras especies calcícolas características del este de la península Ibérica en el Alto Manzanares. Siete especies significativas*. Ed. Reforesta. Madrid.

BLANCO, E., COSTA, M., MORLA, C. & H. SAINZ OLLERO (eds., 1997). *Los bosques ibéricos. Una interpretación geobotánica*. Editorial Planeta, S.A. 572 pp. Barcelona.

BLANCO, E., E. CASANOVA, J.A. DURÁN, P. FERNÁNDEZ GONZÁLEZ, J. GILA, T. MARTÍN GIL, D. MATARRANZ & F. VASCO (2012). Árboles raros, escasos o amenazados de Segovia. Tejos y otras especies de interés segovianas. Conocerlos mejor para conservar. Caja Segovia. Obra Social y Cultural. Segovia.

BLANCO, E., F. FRANCO & H. SAINZ OLLERO (2013). Encuadre geobotánico de la sierra de Guadarrama: flora y vegetación. *Ambienta* 103: 50-67.

CAMPOS, a. (2006). *Bosques y árboles singulares de Madrid: 50 paseos para descubrir*. Ed. La Librería. Madrid.

CANTERO DESMARTINES, F.J. & A. LÓPEZ LILLO (1993). Árboles singulares de Madrid. Comunidad Autónoma de Madrid. Agencia de Medio Ambiente. Madrid.

CANTÓ, P. & S. RIVAS-MARTÍNEZ (2023). Syntaxonomical checklist and vegetation series of Sierra de Guadarrama National Park (Spain). *Mediterranean Botany 44*.

CASTILLA, F. & E. BLANCO (2007). *Más de 100 árboles madrileños. Guía de los árboles de Madrid*. Ediciones La Librería. Madrid.

CASTROVIEJO, S., coord. (1986-2021). *Flora iberica I-XXI*. Real Jardín Botánico, CSIC. Madrid.

CHARCO, J., G. MATEO & LL. SERRA (2014). Árboles y arbustos autóctonos de la Comunidad Valenciana. CIAMED. Valencia.

CUTANDA, V. (1861). *Flora compendiada de Madrid y su provincia*. Imprenta Nacional.

DE PRADO, C. (1864). *Descripción física y geológica de la provincia de Madrid*. Imprenta nacional.

ENRÍQUEZ DE SALAMANCA, A.& J.M GABRIEL Y GALÁN (2020). Atlas de la flora alóctona de Madrid, I. Monilophyta-Gymnospermae. Bot. complut. 44: 29-59.

FERNÁNDEZ GONZÁLEZ, F. (1991). La vegetación del valle del Paular (Sierra de Guadarrama, Madrid), I. *Lazaroa* 12: 153-272.

GRIJALBO, J. (2010). *Vegetación y flora de Madrid*. Ed. Javier Grijalbo Cervantes. Madrid.

GRIJALBO, J. *Apuntes de campo. Observaciones naturalísticas del centro de la península Ibérica*. http://javiergrijalbo.blogspot.com.es.

HUGUET DEL VILLAR, E. (1927). Una Ojeada a la Cliserie de la sierra de Guadarrama. *Ibérica* 693: 153-159.

IZCO, J. (1984). *Madrid Verde*. Publ. Ministerio de Agricultura-Comunidad de Madrid. Madrid.

LÓPEZ ESTÉBANEZ, N., GOMEZ MEDIAVILLA, G., GÓMEZ MENDOZA, J., DE LOMANA, G., & SÁEZ POMBO, E. (2010). Forest dynamics in the Spanish central mountain range. In I.D. Rotherham, C. Handley, & M. Agnoletti (Eds.) *The end of tradition?*: 318-330.

LÓPEZ LILLO, A. & M. MIELGO (1984). Árboles de Madrid. Consejería de Agricultura y Ganadería. Comunidad de Madrid. Madrid.

MARTÍNEZ GARCÍA, F. (1999). *Los bosques de* Pinus sylvestris L. *del sistema Central español. Distribución, composición florística y tipología*. Tesis Doctoral. INIA. Ministerio de Agricultura, Pesca y Alimentación. 701 pp. Madrid.

MARTÍNEZ GARCÍA, F. (2005). *Catálogo de la flora vascular de los montes matas y pinar de Valsaín y cartografía de especies significativas*. Cimera-Centro de Montes de Valsaín. Informe inédito.

ORIA DE RUEDA, J.A.; DÍEZ, J. (2002). *Guía de los árboles y arbustos de Castilla y León*. Junta de Castilla y León. Consejería de Medio Ambiente. 381 pp. Valladolid.

RIVAS MARTÍNEZ, S. (1963). Estudio de la vegetación y flora de las sierras de Guadarrama y Gredos. *Anales Inst. Bot. A.J. Cavanilles* 21 (1): 5-325.

RIVAS-MARTINEZ, S. (1982). *Mapa de las Series de Vegetación de Madrid. E. 1:200.000*. Servicio Forestal del Medio Ambiente y Contra Incendios. Diputación de Madrid. Madrid.

RIVAS-MARTÍNEZ, S., J. LOIDI, M. COSTA, T.E. DÍAZ GONZÁLEZ & Á. PENAS (1999). Iter Ibericum A.D. MIM. *Itinera Geobot.* 13: 5-347.

RIVAS-MARTÍNEZ, S. & COAUTORES (2011). Mapa de series, geoseries y geopermaseries de vegetación de España [Memoria del mapa de vegetación potencial de España, 2011]. Parte II. *Itinera Geobot.* 18: 1-800.

RUIZ DE LA TORRE, J. & AL. (1996a). *Mapa Forestal de España. Escala 1:200.000. Hoja 5-5 «Segovia»*. Dirección General de Conservación de la Naturaleza. Ministerio de Medio Ambiente. Fundación General de la Universidad Politécnica de Madrid. Escuela Superior de Ingenieros de Montes. Madrid.

RUIZ DE LA TORRE, J. & AL. (1996b). *Mapa Forestal de España. Escala 1:200.000. Hoja 5-6 «Madrid»*. Dirección General de Conservación de la Naturaleza. Ministerio de Medio Ambiente. Fundación General de la Universidad Politécnica de Madrid. Escuela Superior de Ingenieros de Montes. Madrid.

SÁNCHEZ CRESPO, Á. & I. PÉREZ GARCÍA (2013). *Guía de campo de la sierra de Guadarrama*. Ed. La Librería. Madrid.

SANZ ELORZA, M. (2000). Árboles monumentales y singulares de la provincia de Segovia. *Medio Ambiente en Castilla y León* 14: 2-7.

VELASCO SANTOS, J.M. (coord.; 2005). *Guía de los árboles singulares de Castilla y León*. Caja Duero, Obra Social. 345 pp.